# Menopausia
## Cómo vivirla
## y superarla sin miedo

# Menopausia
## Cómo vivirla
## y superarla sin miedo

**Dra. Carmen Laparte Escorza**
**Dr. Manuel García Manero**

**EVEREST**

**Dirección editorial:** Raquel López Varela
**Coordinación editorial:** Ángeles Llamazares Álvarez
**Maquetación:** Carmen García Rodríguez
**Diseño de la colección:** David de Ramón
**Coordinación Clínica Universitaria:** Nicolás García González
**Fotografías:** Archivo Everest, Phillipe Ughetto/Photoalto
(página 83), Patrick Sheándell/Photoalto (páginas 34, 46 y 93),
Pierre Bourrier/Photoalto (página 14), Vincent Hazat/Photoalto
(página 12).

*La Editorial declina cualquier tipo de responsabilidad que pudiera derivarse de los comentarios, opiniones, recomendaciones o exposición general de esta obra, así como de la aplicación, interpretación o de otra clase que pudiera desprenderse de su lectura o visión. Cualquier aspecto referente a la salud, individual o colectiva, siempre se debe poner en conocimiento de la autoridad médica competente para que adopte las medidas oportunas.*

© Manuel García Manero, Carmen Laparte Escorza
y EDITORIAL EVEREST, S. A.
Carretera León-La Coruña, km 5 - LEÓN
ISBN: 84-241-8429-7
Depósito Legal: LE: 1870-2005
Printed in Spain - Impreso en España

EDITORIAL EVERGRÁFICAS, S. L.
Carretera León-La Coruña, km 5
LEÓN (ESPAÑA)

www.everest.es
Atención al cliente: 902 123 400

4

Salud para todos

Menopausia

# ÍNDICE DE CONTENIDOS

**Introducción**                                   7
   Aparato reproductor femenino
   Ciclo menstrual

**Conceptos en menopausia**                        13

**Fisiopatología de la menopausia**                17

**Diagnóstico de la menopausia**                   27

**Sintomatología de la menopausia**                31

**Enfermedades asociadas a la menopausia**         47

Salud para todos

Menopausia

**Tratamiento hormonal sustitutivo en la menopausia**     **57**

**Alternativas al THS**     **67**

**Metabolismo, nutrición y menopausia**     **77**

**Control médico de la Menopausia**     **85**

**Recomendaciones generales**     **91**

Salud para todos

Menopausia

# Introducción

## Aparato reproductor femenino

El aparato reproductor femenino está constituido por un conjunto de órganos y glándulas de secreción interna.

| Los órganos principales son: |
|:---:|
| **Vagina**<br>**Útero**<br>**Trompas** |

La **vagina** es un órgano músculo-membranoso que comunica el útero con la vulva. Es el canal del coito para permitir el acceso de los espermatozoides al cuello uterino.

El **útero** es un órgano musculoso en forma de pera aplanada, cuyos componentes más importantes son el fondo, el cuerpo y el cuello uterino.

> La cavidad uterina mide en torno a los
> 7 cm de largo y su pared tiene tres capas:
>
> **Endometrio** (la más interna)
> **Miometrio**
> **Peritoneo** (la más externa)

Es el **endometrio** el revestimiento epitelial de la cavidad, con dos capas; una funcional superficial que se elimina cada mes con la menstruación y otra basal que no se elimina y a partir de la cual se regenera una nueva capa funcional.

Las **trompas** son conductos que se extienden desde la cavidad uterina a la cavidad abdominal cerca de los ovarios.

> Las glándulas de secreción interna son:
>
> **Hipotálamo**
> **Hipófisis**
> **Ovario**

El control de la maduración folicular y de la ovulación se lleva a cabo por el eje hipotalámico-hipófiso-ovárico.

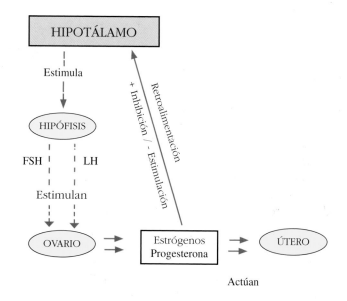

El hipotálamo controla el ciclo, y a su vez puede estar influenciado por centros cerebrales superiores, que hacen que estados como el estrés, la ansiedad, etc. controlen el ciclo.

Actúa sobre la hipófisis, al secretar la hormona liberadora de gonadotrofinas (Gn RH).

La hipófisis segrega hormona folículo estimulante (FSH) y hormona luteinizante (LH).

Tienen la misión fundamental de estimular la función ovárica tanto produciendo hormonas (estrógenos y progesterona) como de producción de la célula germinal (maduración y anidación del óvulo una vez fecundado).

Pero existe una regulación de esta secreción hormonal, según necesidades, mediante un mecanismo de retrorregulación. Este consiste en que al aumentar la secreción de estrógenos, estos niveles altos en sangre, frenan la secreción de FSH y LH por la hipófisis, que dejan de estimular al ovario y este disminuye su secreción de estrógenos.

Es un círculo de autocontrol en el que son controlados los excesos o defectos de secreción.

## Ciclo menstrual

Vamos a hacer un pequeño recuerdo de cómo es el ciclo menstrual femenino durante la época fértil de la mujer.

Muchas creencias supersticiosas han rodeado a la menstruación a lo largo de la historia. Las actitudes e ideas relacionadas con este aspecto de la fisiología femenina han ido cambiando lentamente.

Cada mes, durante 30 ó más años, es decir durante la fase reproductiva de la mujer, se produce una hemorragia menstrual,

**El inicio de la capacidad reproductora empieza con la menarquía y desaparece con la menopausia.**

en caso de que no exista embarazo, como resultado de las interacciones que existen entre las hormonas ováricas y las hipofisarias.

Este patrón cíclico de la actividad de la hipófisis del ovario y del útero da lugar a un ritmo que varía de manera individual, pero que esquemáticamente puede representarse en un ciclo de 28 días.

El inicio de la capacidad reproductiva se pone de manifiesto a través de la primera hemorragia, que recibe el nombre de menarquia y desaparece con la menopausia, momento en que cesa la mayor parte de la actividad ovárica.

Durante el ciclo se produce la maduración de las células germinales femeninas (el ovocito) y se prepara a la cavidad uterina para que pueda anidarse si es fecundado por el espermatozoide.

Las modificaciones principales se producen en el ovario y en el útero, aunque también sufran modificaciones otros órganos, entre ellos las mamas.

Las producidas en el ovario constituyen el ciclo ovárico.

En los primeros días comienzan a madurar y crecer los folículos primordiales. Al llegar a un tamaño de 18 a 25 mm de diámetro, abultan en la superficie del ovario. Hacia el día 14, se rompe saliendo al exterior el ovocito, fenómeno conocido como ovulación. El ovocito es recogido por la trompa de Falopio y fecundado o no, sigue a través de la trompa hasta la cavidad uterina.

Después de la expulsión del ovocito, en el lugar que éste ocupaba en el ovario, se forma el llamado cuerpo lúteo o

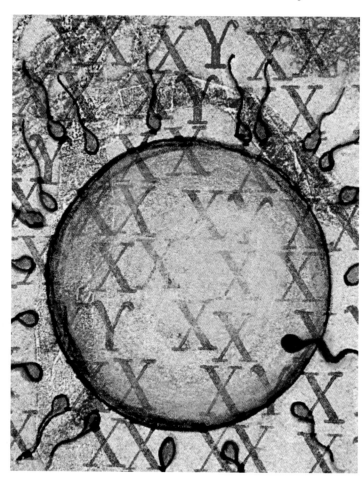

amarillo. Si no hay embarazo, éste desaparece a los 10 días. Si hay embarazo persiste y crece.

Los estrógenos, son producidos por las células de los folículos y por las del cuerpo amarillo. Están presentes durante todo el ciclo.

La progesterona, se produce sólo en el cuerpo amarillo, apareciendo fundamentalmente a partir de la ovulación.

# Conceptos en menopausia

**Climaterio:** período de transición entre la fase reproductiva de la vida y la senectud. Suele comenzar a los 45 años y finalizar a los 65 años.

**Menopausia:** es el cese permanente de las menstruaciones que resulta de la pérdida de actividad folicular ovárica. Es la última regla y suele ocurrir aproximadamente a los 50 años. Se reconoce tras 12 meses consecutivos sin reglas.

En general, los dos términos son utilizados indistintamente para referirnos al período en el que la mujer deja de tener menstruaciones pero mientras el climaterio es una fase, la menopausia es sólo la última menstruación.

**Premenopausia:** se trata de un período premonitorio asintomático. Comienza varios años antes de que aparezca signo externo alguno de climaterio, aunque se asocia a pequeños cambios endocrinos. Suele iniciarse alrededor de los 40 años y finaliza en el momento de la última menstruación (menopausia).

**Peri menopausia:** incluye el período inmediatamente anterior a la menopausia (cuando comienzan las alteraciones endocrinológicas, biológicas y clínicas indicativas de que se aproxima la menopausia) y como mínimo el primer año siguiente a la menopausia.

**Posmenopausia:** última fase del período de transición. Se trata de otra fase del climaterio: comienza con la menopausia y acaba cuando se inicia la senectud, a los 65 años.

**Menopausia natural:** es la que ocurre de forma gradual y progresiva por el normal envejecimiento ovárico.

**Menopausia artificial:** es la provocada por la extirpación de los ovarios o por medicamentos que destruyen las células ováricas.

**Menopausia precoz:** la que ocurre antes de los 40 años.

**Menopausia tardía:** la que ocurre después de los 55 años.

Esquema niveles de estrógenos y niveles de gonadotropinas:

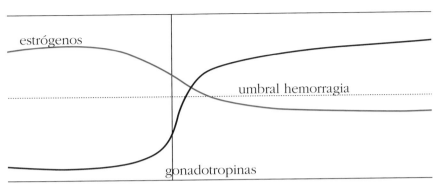

estrógenos

umbral hemorragia

gonadotropinas

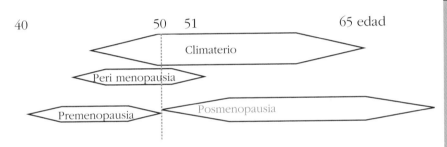

5   40                    50   51                    65 edad

Climaterio

Peri menopausia

Premenopausia        Posmenopausia

# Fisiopatología de la menopausia

La menopausia consiste en el cese de la función cíclica ová-rica, por lo que desaparece la ovulación. Hay cese de la hemorragia menstrual y se termina la etapa reproductiva de la mujer.

. La función ovárica clínica no se interrumpe de forma brusca, sino que se va aminorando lentamente, con la aparición de insuficiencia del cuerpo lúteo, persistencia folicular o falta de secreción estrogénica.

Los ovarios son órganos endocrinos, que tienen dos funciones principales:

1.- Almacenamiento, transporte y liberación paulati-na de los ovocitos, gametos femeninos que deber ser fecundados por el espermatozoide para dar lugar a un embarazo.

2.- Producen las hormonas sexuales: estrógenos, pro-gesterona y andrógenos.

Los estrógenos tienen una acción trófica, estimulan el desa-rrollo y crecimiento de tejidos y órganos sensibles a ellos (estrógeno-dependientes) como son el aparato genital y las mamas.

Son los responsables del modelamiento del cuerpo de la mujer, de la distribución de la grasa y del vello.

La función reproductora cesa con la menopausia y éste es un mecanismo de defensa de la vida de la mujer, pues gestación y parto se soportan peor a edades avanzadas.

**El camino a la menopausia se inica con alteraciones en el ciclo menstrual.**

El ovario contiene folículos ováricos y es en ellos, donde se producen la mayor parte de las hormonas. En el folículo se producen estrógenos principalmente estradiol, y andrógenos durante todo el ciclo menstrual y progesterona durante la segunda mitad del ciclo.

Pero este paso a menopausia se realiza progresivamente y los cambios se inician antes que desaparezcan las menstruaciones, con alteraciones del ciclo menstrual.

El ovario es el responsable de que exista la situación de déficit de estrógenos: se produce un marcado descenso en la producción de estradiol con niveles plasmáticos < 20 pg/ml, debido a la desaparición del aparato folicular. Siguen produciéndose estrógenos, estradiol y estrona, siendo la estrona el principal estrógeno de la mujer menopáusica con una relación estrona/estradiol >1.

Disminuye la producción de la A4 Androstendiona (hormona androgénica) y se mantiene la de Testosterona (Andrógeno potente). A ello se debe que algunas mujeres desarrollen un hirsutismo (aumento de vello) después de la menopausia.

Acción del estradiol a nivel del sistema nervioso central

Existen receptores específicos de estrógenos en el sistema nervioso central.

A través de estos receptores, los estrógenos juegan un papel determinante en los circuitos neuronales que intervienen en la regulación de la conducta.

Intervienen en el estado de ánimo, alteraciones nerviosas y memoria.

También entre los estrógenos y el centro de la termorregulación.

No se conoce con exactitud, pero se sabe que la falta de estrógenos ocasiona cambios en la regulación de la temperatura corporal.

Son como descensos bruscos y ocasionales en la regulación del calor y causan una desazón y falta de bienestar en la mujer. Ocurren, por ello, oleadas de calor, sofocos, sudores, como respuesta del organismo para enfriarse el cuerpo por pérdida de calor.

## A nivel circulatorio

Los estrógenos tienen efecto beneficioso sobre el sistema cardiovascular, a través de:
- Acción directa sobre la musculatura cardíaca, favoreciendo la circulación y disminuyendo el gasto cardiaco.
- Acción sobre los vasos sanguíneos, produciendo vasodilatación sobre todo. Contribuyen a mejorar la tensión arterial.
- Acción sobre el metabolismo del colesterol, disminuyendo la tasa de LDL-colesterol y aumentando la del HDL-colesterol.

## A nivel del esqueleto

Mejora la remodelación del hueso, ya que actúa a distintos niveles.
- En el intestino, favorece la absorción de calcio.
- Estimula la producción de Calcitonina.
- Disminuye la sensibilidad a la parathormona.
- Activa la producción de matriz ósea y el depósito de calcio en ella.

Por lo tanto, el estradiol, mejora el contenido mineral del hueso, aumentando la relación formación/reabsorción.

Sobre el colágeno
Estimula la producción por los fibroblastos a nivel de piel, mucosas y tejido conjuntivo.
Esta acción se manifiesta sobre todo a nivel del aparato genital y a nivel de los tramos bajos del aparato urinario.
Como se ve, la falta de estradiol, se traduce en cambios involutivos a nivel de todo el organismo, con implicaciones

importantes a nivel del sistema nervioso central, aparato genito-urinario, circulatorio y el esqueleto.

La génesis de la menopausia radica en el agotamiento folicular de los ovarios, pero existen variaciones, ya que influyen otros factores como la edad.

Es posible que exista un factor genético, ya que las hijas suelen heredar de las madres la edad de la menopausia. También se creyó durante tiempo que la edad de la menopausia se iba retrasando con el paso de los años, pero en apuntes históricos se vio que es constante desde tiempos muy antiguos.

Se ha atribuido un papel al tabaco, ya que las grandes fumadoras padecen más insuficiencia ovárica, adelantando la edad de la menopausia.

Las mujeres nulíparas son menopáusicas antes que las que han tenido hijos. También en las mujeres casadas ocurre más tarde, que en las solteras, quizá porque si han tenido embarazos, han ahorrado ovocitos al no ovular.

El hecho fundamental es que la función ovárica va deteriorándose hasta que cesa definitivamente.

Hay que descartar que no es un fenómeno de senescencia endocrina general, ya que otros sistemas endocrinos no sufren cambios, y si lo hacen, son de menor importancia y de aparición más tardía.

La historia natural del ciclo reproductivo en la mujer comprende la reducción de los folículos primordiales localizados en los ovarios. De los 2.000.000 folículos presentes al nacimiento, en la pubertad se reducen a 300.000 como resultado de fenómenos de atresia.

Durante la vida reproductiva, menos de 400 folículos alcanzan a madurar por completo y son liberados del ovario en el momento de la ovulación. Desde entonces se van atresiando un número de folículos a lo largo de los ciclos ováricos en toda la época de la madurez.

En las primeras fases del climaterio existe una aceleración en la tasa de atresia que conduce a una disminución de la población folicular, hasta su desaparición. El tránsito desde la función ovárica normal hasta el fallo definitivo no es brusco, sino progresivo y paulatino.

En la premenopausia, se inicia el deterioro de la foliculogénesis. Hay una elevación de la FSH al principio del ciclo con estrógenos elevados.

En la perimenopausia, se hacen más evidentes la pérdida del número de folículos y las alteraciones endocrinas. Los estrógenos están normales o elevados disminuyendo progresivamente y siendo ya muy bajos después de la última menstruación. En esta época son frecuentes las manifestaciones clínicas: alteraciones menstruales, síntomas neurovegetativos, etc.

En la post-menopausia (menopausia establecida, a partir de 12 meses sin menstruación) se ha agotado la reserva folicular y hay una franca elevación de las gonadotropinas (FSH y LH) y una gran disminución de los estrógenos. Queda establecido un hipoestronismo permanente que será el responsable de las manifestaciones del climaterio.

**Las mujeres nulíparas son menopáusicas antes que las que han tenido hijos.**

### Cambios hormonales en la premenopausia

Antes de alterarse de manera evidente el patrón de ciclos regulares, existen una serie de cambios que anuncian la proximidad de fracaso ovárico.

En esta fase previa a la perimenopausia, hay modificaciones del patrón menstrual que corresponden a insuficiencia en la función del ovario.

> • La longitud del ciclo se acorta y este acortamiento se lleva a cabo a expensas de la fase folicular (la primera) con existencia de ovulación y fase lútea (2ª fase) normal.
> • En estudios de seguimiento de mujeres, a lo largo de varios años, se ha visto que la duración media de un ciclo, a los 40 años, llega a ser de 26 días.
> • También existe en este tiempo una mayor tendencia a la irregularidad de los ciclos.
> • En esta época las opciones de fertilidad caen en gran manera.

### Cambios hormonales en la perimenopausia

Es un proceso lento y anárquico, en el que pueden presentarse ciclos anovulatorios y ovulatorios, de manera imprevisible, incluso después de un cierto período sin tener reglas.

Este período es de duración variable de unas mujeres a otras y sus manifestaciones clínicas no son tan claras como en la menopausia

### ¿Cómo se regulan los esteroides?

En la etapa reproductiva, el folículo y el cuerpo lúteo son las fuentes más importantes de esteroides. A medida que disminuyen los folículos y maduran peor, disminuyen su producción de estrógenos y progesterona. Posteriormente, llega un momento en que los niveles son tan bajos que no proliferan el endometrio y no se tienen reglas: aparece la menopausia.

### Esteroides sexuales

*Estrógenos*

Disminuye la secreción de estrógenos. Los niveles de estradiol y estrona, a nivel venoso ovárico, son muy bajos. Los estrógenos circulantes no son secretados directamente por el ovario, sino que provienen, en su mayor parte de la conversión de andrógenos en estrógenos a nivel adiposo. El tejido adiposo y el músculo poseen un material enzimático que permite la aromatización de los andrógenos en estrógenos.

En el tejido adiposo es donde la androstendiona se convierte en estrona.

*Progesterona y 17-hidroxiprogesterona*

Presentan valores muy bajos tras la menopausia, y es de origen suprarrenal.

### Andrógenos

*Dehidroepiandrosterona (DHEA)*

Segregada por la suprarrenal. El nivel observado en la menopausia es inferior al del período de actividad ovárica. Se atribuye a una alteración de la biosíntesis suprarrenal.

*Androstendiona plasmática*

Disminuye un 50% después de la menopausia. Los 2/3 circulantes provienen de la secreción suprarrenal y el tercio restante de la secreción ovárica.

*Testosterona*

Un 50% proviene de la suprarrenal y un 50% del ovario por secreción y conversión de la androstendiona en el tejido adiposo y muscular.

Resulta paradójico que, a pesar de la producción disminuida de andrógenos, se observan manifestaciones virilizantes a lo largo de la menopausia. Esto se explica por la ausencia de las dos hormonas antiandrógenicas que son el estradiol y la progesterona, por lo que los andrógenos tienen una actividad aumentada sobre sus receptores.

23

Salud para todos

Menopausia

### El ovario durante el climaterio

Durante el período reproductivo sólo uno de los folículos que iniciaron el desarrollo en cada ciclo alcanza la madurez total. Los restantes involucionan, convirtiéndose en folículos atrésicos. Este proceso de atresia es continuo y se produce desde la pubertad hasta la menopausia.

**La menopausia aparece coincidiendo con una reducción importante de los folículos.**

La menopausia natural aparece coincidiendo con una reducción importante de la dotación folicular, que quedaría alrededor de mil unidades. A esta situación se llega en función de la dotación folicular inicial y el ritmo de atresia. Este último puede influenciarse por otros factores, como los hormonales, los genéticos y los tóxicos.

Entre los tóxicos destacan los tratamientos actínicos, quimioterápicos y el hábito tabáquico.

Hay autores que verifican que la causa inmediata de la transición hacia la menopausia sería la aceleración de la pérdida de número de folículos.

### El ovario postmenopáusico

Tras la menopausia no queda en el ovario masa folicular en cantidad significativa, lo que supone la pérdida de la capacidad hormonal folicular. Esto debe matizarse, ya que en los primeros meses tras la menopausia, es posible encontrar folículos capaces de secretar estrógenos, aunque no de ovular.

La capacidad de producción hormonal a partir de folículos, sin embargo, se agota casi por completo en los primeros meses y aunque hay algunas fluctuaciones hormonales descritas incluso años tras la menopausia, no se asocian con episodios de sangrado.

A partir de los primeros meses, la producción endocrina del ovario debe buscarse en otras estructuras de la glándula.

*Estroma*

En el ovario humano existen tres comportamientos con capacidad endocrina: las células de la granulosa, las de la teca y el estroma ovárico. Los dos primeros integrados en la estructura folicular. El tercero posee capacidad esteroidogénica para los tres tipos de esteroides, aunque en cantidad inferior a los otros.

La producción del estroma es, sobre todo de andrógenos (androstendiona y testosterona), con escasa producción de progesterona o estrógenos.

La actividad del estroma, aunque insuficiente para mantener el tropismo y desarrollo de los distintos órganos diana de los esteroides sexuales, hace que el ovario postmenopáusico tenga actividad endocrina.

El status endocrino del ovario tras la menopausia queda reducido a una producción de esteroides residual por el escaso aparato folicular presente, y por el compartimento estroma/médula y va desapareciendo en su totalidad en pocos años.

La supresión de folículos supone la pérdida de la producción de estradiol y progesterona, y de la androstendiona ovárica.

Hay un descenso grande de la producción de androstendiona en el ovario postmenopáusico. También ocurre, aunque en menor medida para la testosterona, ya que el estroma continua produciendo andrógenos, existe una elevación en la relación andrógenos/estrógenos de la producción del ovario justificando el desarrollo del hirsutismo observado en algunas mujeres postmenopáusicas.

# Diagnóstico de la menopausia

Por norma general no es difícil, en las pacientes comprendidas entre los 40 y 50 años.

Las pacientes son conocedoras de su existencia y están muy al tanto de los síntomas que saben que ocurren en este período de la vida.

A la consulta del ginecólogo acuden por varios motivos

• Por trastornos menstruales, que aparecen en este período. Estos trastornos pueden consistir en ciclos cortos o ciclos largos o baches amenorréicos. Normalmente son secundarios a alteraciones hormonales, desequilibrios entre la secreción estrogénica y de progesterona del ovario.

• Por crisis vasomotoras: sofocos y sudores, que pueden aparecer con reglas o sin ellas. Les produce una gran molestia e incomodidad, sobre todo, la sensación de que "los demás lo notan", y si es de noche, durmiendo, se despiertan y algunas, necesitan quitar y ponerse ropa y abrir ventanas, etc.

• Por cambios de humor e irritabilidad, cosa que les preocupa, ya que interfiere de manera negativa en su relación con los demás: marido, hijos, amigas, etc.

• Por insomnio, muy asociado a lo anterior.

Los ginecólogos están muy familiarizados con estos hechos que justifican los síntomas que aparecen en el climaterio.

En este período las hormonas hipofisarias FSH y LH están altas. Más la FSH que la LH y existe un bajo nivel de estrógenos.

Estos dos datos, acompañado de los sofocos, sequedad vaginal, osteoporosis y otros, son la consecuencia de la progresiva desaparición de la reserva folicular, proceso mal conocido que rodea la vida ovárica.

No se conoce nada de los mecanismos moleculares, de los genes implicados y las señales intracelulares que organizan y ordenan esta destrucción germinal.

**Los síntomas más importantes de la menopausia son: sofocos, sequedad vaginal, osteoporosis.**

Podría sin embargo, estar dentro de lo que se llama "apoptosis" o "muerte celular programada".

Apoptosis es un término griego que se usa para definir la muerte de las células en un proceso que conlleva transcripción génica, al contrario de lo que ocurre en la destrucción másiva de células por necrosis.

La apoptosis celular es un proceso controlado genéticamente. La activación de estos genes que la producen le llega a las células por unas señales externas, vía receptores. Muchos de estos genes han sido encontrados en el ovario de rata donde son controlados por gonadotropinas, esteroides y otros factores.

El diagnóstico definitivo de menopausia se hace de forma retrospectiva, después de un año sin reglas.

Aunque está facilitado por los síntomas antes referidos: crisis vasomotoras, irritabilidad, insomnio, etc, hay que

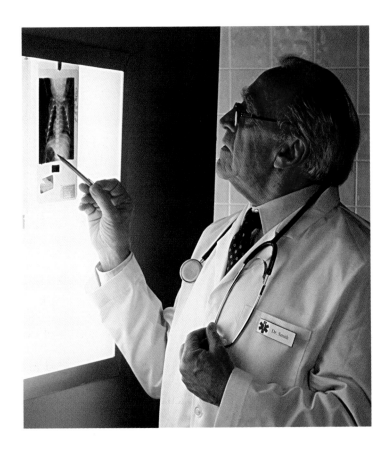

decir que no todas las mujeres tienen estos síntomas. Es decir hay mujeres que dejan de tener reglas sin tener los síntomas descritos.

Confirman el diagnóstico las determinaciones séricas de estradiol y hormona foliculooestimulante.

En la menopausia los niveles de estradiol se sitúan entre 5 y 25 pg/ml, mientras que aumentan las gonadotropinas. Los valores de FSH oscilan entre 40 y 250 mUI/ml y los de LH entre 30 y 150 mUI/ml.

|  | Antes | Después |
|---|---|---|
| FSH mUI/ml | 1-30 | 40-250 |
| LH mUI/ml | 1-27 | 30-150 |
| Estradiol pg/ml | 50-500 | 5-25 |

# Sintomatología de la menopausia

La menopausia se presenta entre los 40 y 50 años de edad, pero algunas mujeres pueden experimentar los primeros síntomas a partir de la cuarta década de la vida. Las modificaciones que acompañan a la desaparición de la actividad del ovario pueden iniciarse inmediatamente, como ocurre en el 25% de las mujeres, pero el resto de la población apenas tendrá ningún tipo de sintomatología. Por otro lado, cabe destacar, que los síntomas que seguidamente detallaremos no aparecen al mismo tiempo y que existe una cronología de aparición de los mismos como queda reflejado en el siguiente gráfico.

Menopausia

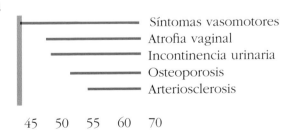

| | |
|---|---|
| | Síntomas vasomotores |
| | Atrofia vaginal |
| | Incontinencia urinaria |
| | Osteoporosis |
| | Arteriosclerosis |

40        45  50  55  60  70

## Ciclo menstrual y perimenopausia

El hecho básico y fundamental que ocurre en la menopausia es el deterioro progresivo de la función ovárica hasta el fracaso definitivo de la misma. El declinar de la función ovárica se debe a dos procesos que ocurren en el ovario: disminución del número de folículos y deterioro funcional de los mismos.

**La proximidad del fracaso ovárico viene siempre anunciado por una serie de cambios.**

*Disminución del número de folículos*: se produce una disminución que se inicia ya en la vida embrionaria y que termina en la menopausia. De los 7 millones de folículos que existen en el ovario en la época embrionaria se pasa a dos millones en el momento del nacimiento y a los 300.000 en el momento de iniciarse las reglas. Todo este proceso de deterioro se acabará en el climaterio.

*Deterioro funcional de los folículos*: Se produce en todas las células que conforman la estructura ovárica provocando la alteración de la misma.

Antes de la rotura evidente del patrón regular del ciclo, hay cambios detectables, que anuncian la proximidad del fracaso ovárico.

*Premenopausia:* primera época del climaterio, de duración variable, que suele comenzar a los 40 años y con una sintomatología escasa que puede estar formada por alteraciones del ciclo, aumento de la tensión mamaria premenstrual y sobre todo es evidente el deterioro de la capacidad reproductiva, disminuyendo la tasa de fertilidad e incrementándose la tasa de abortos.

*Perimenopausia:* incluye todo el período de tiempo alrededor de la menopausia donde se hacen más evidentes las alteraciones del ciclo y la aparición de síntomas menopaúsicos.

### Cambios del ciclo

Son frecuentes, sobretodo, en la perimenopausia, antes de que se establezca la ausencia de reglas de manera definitiva. En esta etapa se objetiva un acortamiento de la longitud total de los ciclos que luego se transforman en ciclos largos o retrasos menstruales cada vez mayores hasta llegar a la amenorrea definitiva; pueden aparecer menstruaciones más duraderas y sobre todo más abundantes. Se produce un incremento en el número de ciclos anovulatorios aunque sigue siendo posible la ovulación y por tanto existe la posibilidad de gestación. Este acortamiento se lleva a cabo a costa de la primera fase del ciclo y si bien no existe un patrón regular de duración de los ciclos la duración media a los 40 años es de 26 días.

## Cambios endocrinos

Durante esta etapa se objetiva el aumento progresivo de los niveles de gonadotropinas sobretodo de la FSH.

Posteriormente, la paciente inicia la fase perimenopaúsica siendo su inicio variable de unas mujeres a otras y donde sus manifestaciones no tienen un punto de vista tan claro como la menopausia. En este período de la vida hay una disminución del número de ciclos ovulatorios, con rotura del patrón regular del ciclo.

### Esquema de niveles hormonales

Estrógenos y progesterona

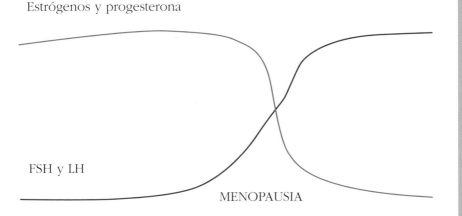

FSH y LH

MENOPAUSIA

*impacto psicógeno.* Esto condiciona que la sintomatología presente en la menopausia sea la siguiente: síntomas neurovegetativos, endocrinometabólicos y psíquicos, aparte de la involución ovárica que determina alteraciones de la fertilidad y de la función ovárica.

Salud para todos

Menopausia

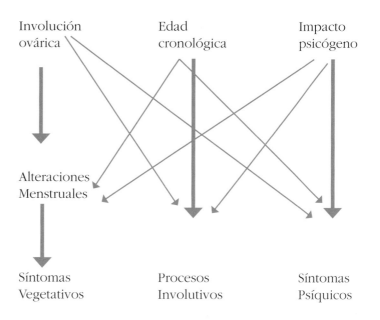

Involución ovárica

Edad cronológica

Impacto psicógeno

Alteraciones Menstruales

Síntomas Vegetativos

Procesos Involutivos

Síntomas Psíquicos

| Niveles séricos de hormonas sexuales antes y después de la menopausia | | |
|---|---|---|
| | Antes | Después |
| FSH mUI/ml | 1-30 | 40-250 |
| LH mUI/ml | 1-27 | 30-150 |
| Estradiol pg/ml | 50-500 | 5-25 |
| Testosterona (pg/ml) | 0,3-0,8 | 0,1-0,5 |
| Estrona (pg/ml) | 30-300 | 20-60 |

### Síntomas neurovegetativos
### *Signos y síntomas vasomotores*

*Sofocos:* consisten en una sensación desagradable, aunque transitoria, de calor en la piel, que afecta sobre todo a la parte superior del cuerpo. La cara enrojece y puede aparecer sudor en la cara, el cuello y el tronco.

*Palpitaciones:* aumento de la frecuencia cardíaca que suele acompañar a la sudoración y sofocos.

La duración, frecuencia y persistencia de los sofocos son muy variables. Pueden durar entre pocos segundos y 30 minutos, aunque su duración media es de unos 4 minutos. Pueden aparecer varias veces cada hora o sólo una o dos veces al mes. Los síntomas suelen comenzar unos 2 años antes de la menopausia y continuar durante más de 1 año en, al menos, el 80% de las mujeres afectadas. La frecuencia e intensidad disminuyen gradualmente a lo largo de algunos años, pero al menos un 25% de las mujeres pueden sufrirlos durante más de 5 años.

El sofoco va precedido de una sensación subjetiva premonitoria consistente en ráfagas de calor.

La aparición de estos síntomas es más frecuente en mujeres occidentales que en mujeres japonesas debiéndose esas diferencias a factores dietéticos como el consumo continuado de soja.

La consecuencia primera y específica de la involución ovárica, es una alteración vasomotora que se manifiesta directamente por sofocos y/o sudores y con menos frecuencia e intensidad por otros síntomas neurovegetativos.

### Sofocos

Los sofocos constituyen el síntoma más frecuente, específico y molesto del climaterio. Su frecuencia e intensidad aumentan desde la pre-, a la peri y ulterior posmenopausia.

Se presentan como una llamarada interna o arrebato de calor en cara, cabeza, cuello y pecho, en general asociados a rubores de la piel y seguidos generalmente de sudores copiosos.

Pueden ir precedidos como presentimiento de su aparición, de palpitaciones y dolor de cabeza. Con frecuencia se desencadenan por estímulos acústicos, visuales, olorosos, gustativos, dolorosos y desde luego por el estrés. Durante el día son más frecuentes en el descanso que en la actividad.

**Los sofocos son el síntoma más frecuente y molesto del climaterio.**

Su duración oscila entre 5" y hasta 60". Su frecuencia es también muy variable, desde cada pocos minutos a uno o dos por semana. La intensidad puede ser ligera, moderada o severa, valorándose subjetivamente.

### Sudores

Los sudores son manifestaciones ligadas al sofoco, de naturaleza vasomotora. De hecho, los sofocos más intensos, duraderos y frecuentes, se siguen de sudoración.

Su frecuencia es discretamente inferior a la de los sofocos. Tanto los sofocos como los sudores son la expresión del mismo fenómeno vasomotor, aunque con diferente brusquedad o agudeza: el sofoco sería la forma aguda y el sudor la crónica.

### Otros síntomas

Hay otros síntomas neurovegetativos de naturaleza vasomotora como son las cefaleas dentro de la cual se encuentra la migraña asociada a reactividad vascular y que en la menopausia se puede ver acentuada por la disminución de los niveles de estrógenos.

Las parestesias o calambres, son típicos del climaterio caracterizándose por entumecimiento de las extremidades y siendo descritas como acorchamiento de los dedos.

Existen otros síntomas como son los mareos, vértigos, palpitaciones...

## Síntomas urogenitales

### Trastornos urinarios:

La mujer durante el período climatérico presenta frecuentemente sintomatología urinaria. Por lo general, se trata tan sólo de trastornos de la uretra y de la vejiga siendo infrecuentes la afectación del uréter y del riñón. Se trata de trastornos benignos, nunca graves pero que causan molestias siendo un motivo de consulta frecuente. Dentro de la sintomatología destacamos la incontinencia de esfuerzo, la urgencia urinaria, disuria, polaquiuria y nicturia.

## Sexualidad y menopausia

Durante este período de la vida se objetiva una disminución de la actividad sexual. Esto se debe a:

1. *Cambios físicos* producidos por el hipoestronismo: en la menopausia las paredes vaginales se vuelven más delgadas, lisas, secas, y pierden elasticidad además de sufrir un ligero acortamiento y estrechamiento lo que puede provocar molestias en las relaciones sexuales sin suponer necesariamente una disminución de la sensación subjetiva de excitación ni una pérdida de la funcionalidad. Si la paciente que refiere sequedad vaginal acude a la consulta de ginecología podremos instaurar un tratamiento de la misma de manera sencilla solucionando el problema y evitando relaciones sexuales molestas.

2. *Cambios en la respuesta sexual*: durante el climaterio se objetiva una disminución de la intensidad de la respuesta sexual consecuencia directa de lo anteriormente comentado y de la edad.

3. *Trastornos físicos* como la aparición de sofocos, infecciones vaginales, cistitis y uretritis o la aparición de enfermedades crónicas u oncológicas, así como la toma de ciertos medicamentos contribuyen a una disminución de las relaciones sexuales.

4. *Disfunciones sexuales asociada*s como la presencia de impulso sexual inhibido y anorgasmia. La instauración de determinados tratamientos hormonales como la tibolona mejoran la libido gracias a su actividad débil androgénica.

### Modificaciones cutáneas

El envejecimiento ocasiona cambios en la mayoría de los tejidos del cuerpo; sin embargo, la piel también es vulnerable a otras muchas influencias diferentes. La piel puede sufrir los efectos de la radiación solar o del tabaco, por lo que algunos cambios han de diferenciarse de los que están relacionados con el ambiente hormonal. Con esto queremos insistir que la menopausia no es el único "culpable" de la existencia de problemas en la piel y que realizar un buen cuidado de la misma, mejoraría el estado final de ella.

Durante el climaterio se produce una atrofia cutánea debida en parte al descenso de los niveles hormonales y en parte a la edad. Los datos objetivos que observamos en la piel son, la atrofia del epitelio, disminución marcada del colágeno y disminución del contenido acuoso.

A partir de los 40 años se inicia en la mujer un período de decadencia de la función ovárica con una disminución de los niveles hormonales que lleva a una atrofia de los tejidos y envejecimiento.

**Hay trastornos como la atrofia vaginal, la uretritis, el dolor en las relaciones sexuales, las infecciones urinarias y la incontinencia urinaria, que las pacientes suelen ocultar en las consultas.**

Los trastornos del tracto urogenital bajo como la atrofia vaginal, la uretritis, el dolor con las relaciones sexuales, las infecciones urinarias de repetición y la incontinencia urinaria son síntomas que aparecen más tardíamente que los famosos, temidos y odiados sofocos, pero que, no por ello son menos importantes dado que pueden permanecer toda la vida. En la consulta, el especialista debe interrogar a la paciente sobre dichos síntomas dado que las pacientes suelen ocultarlo o no exponerlo de manera tan clara como la existencia de sudoración y sofocos. Si somos capaces de descubrir estos síntomas e iniciar un tratamiento adecuado podemos mejorar la actividad social de la mujer y que recupere aquellas actividades que hacía antes de llegar a esta etapa. El tratamiento de esta sintomatología es sencillo, ya que se trata de unos síntomas que responden muy bien a la estrógeno-terapia, bien de manera local, es decir, utilizando cremas o bien de manera sistémica como utilizando la terapia hormonal sustitutiva. Tanto uno como otro tratamiento, deben ser indicados y controlados por el ginecólogo o en su defecto el médico de atención primaria.

A nivel de otras mucosas también se observa una involución de las mismas debido al hipoestronismo y mejorando su situación tras la realización de terapia hormonal sustitutiva. La conjuntiva de la mujer menopáusica se reseca siendo más frecuente la aparición del síndrome del ojo seco. La mucosa auditiva también se deteriora, pudiendo aparecer pérdida de la función auditiva.

Toda esta sintomatología mejora con la utilización de THS.

## Síntomas psicológicos

El insomnio, o imposibilidad de dormir, es una queja frecuente de las mujeres peri o posmenopáusica. Su aparición no es independiente al estado menopáusico, sino que parecen existir otras causas, como los sofocos nocturnos y el empeoramiento del estado psíquico, que desempeñarían un papel primordial en los trastornos del sueño.

También, durante la menopausia se objetiva la presencia de trastornos psicológicos como, pérdida de seguridad, cambios de humor, ansiedad, pérdida del apetito sexual, dificultades de concentración y memoria, irritabilidad y crisis de llanto. Se trata de síntomas inespecíficos ya que aparecen en otras edades y en varones. Antes de considerar a dichos síntomas como consecuencia del estado menopáusico, es necesario descartar la existencia de patología psicológica.

Los síntomas psíquicos que se incluyen en el síndrome climatérico son múltiples y se describen con diversa y dispar nomenclatura.

Estos síntomas inicialmente pueden ser detectados y tratados por el ginecólogo o médico de atención primaria, pero si son progresivos o aumentan su intensidad deben ser remitidos a su médico especialista.

*Nerviosismo:* 63%
Estado de intranquilidad e inquietud. Se suele expresar como el síntoma psíquico más frecuente aunque la mayoría de las mujeres señalan: "siempre he sido muy nerviosa aunque llevo una temporada peor".

*Irritabilidad:* 51%
Reacción excesiva a los estímulos sensoriales normales. En algunas ocasiones se describe como el síntoma principal incluso por encima de los sofocos.

*Depresión:* 55,6%
Síntoma generalmente asociado a la menopausia. Si se sospecha un estado depresivo durante la menopausia debemos hacer un buen diagnóstico entre estado depresivo típico del climaterio y depresión.

Mientras que el primero es ocasional y de escasa intensidad, el segundo es una enfermedad que exigirá un tratamiento adecuado por parte del especialista.

El ginecólogo debe preguntar por los antecedentes familiares y personales y evaluar en el tiempo los síntomas y los signos. Si sospecha una depresión grave se remitirá al especialista.

*Ansiedad: 50%*
Estado emotivo que responde a una sensación de amenaza. Al igual que la depresión con la que suele asociarse debemos identificar la ansiedad patológica y en su caso remitirla al especialista.

*Insomnio: 50%*
Síntoma que se presenta en la mitad de las mujeres menopáusicas en relación con la edad, con los sofocos, síntomas neurovegetativos...

**Disfunciones urogenitales**
Durante la menopausia la mitad de las pacientes presentan alguna alteración de su vida sexual, situándose la tercera en frecuencia después de los síntomas neurovegetativos y psíquicos. Es un síntoma que suele preocupar mucho a la mujer que lo interpreta como un signo de deterioro personal y de la pareja.

Para comprender las alteraciones de la vida sexual durante la menopausia hay que considerar el descenso importante de estrógenos, gestágenos y andrógenos que unido al paso de los años disminuye la función sexual; además debemos destacar el deterioro físico y psicosocial que puede aparecer con el paso de los años. Todas estas alteraciones deben ser detectadas en la consulta por el ginecólogo y deben ser tratadas bien con terapia hormonal sustitutiva o con terapias alternativas.

Los signos más frecuentemente alterados son: el deseo sexual o líbido que se ve disminuido, una menor frecuencia de relaciones sexuales y una disminución de la satisfacción sexual. En el siguiente gráfico se resumen las causas que provocan las alteraciones sexuales:

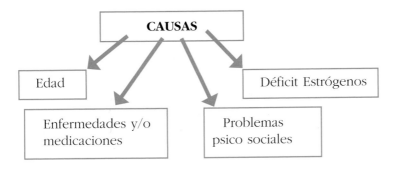

## Síntomas óseos, articulares y musculares

*a) Síntomas óseos:*

Cuando una mujer menopáusica acude a la consulta una de las preguntas más frecuentes está relacionada con la osteoporosis y con el riesgo de fracturas; además, la paciente desea saber cuales son las medidas preventivas de dicha enfermedad.

En primer lugar, definimos la osteoporosis como una enfermedad silenciosa donde se produce una disminución de la masa ósea con el consiguiente aumento de la fragilidad y susceptibilidad a la fractura del hueso. Toda pérdida ósea puede ser fisiológica o patológica. La fisiológica o senil es la pérdida ósea relativa cronológica con la edad y origina de manera lenta una fragilidad de los huesos. La patológica representa un riesgo mayor de fracturas al perderse la estructura trabecular del hueso.

A pesar de que durante el climaterio casi todas las mujeres presentan un patrón de pérdida óseo, es un hecho comprobado que no todas las mujeres desarrollarán una osteoporosis. Esto dependerá de:

Salud para todos

Menopausia

1) La cantidad de masa ósea que presenta la paciente al llegar a la menopausia que vendrá determinado por su pico de masa ósea.

2) El momento cronológico en el que se iniciará la pérdida ósea.

3) La velocidad de pérdida anual.

4) Factores de riesgo que puedan acelerar los aspectos anteriores.

Atendiendo a los factores mencionados, una mujer climatérica que presenta como punto de partida un capital óseo dentro de los límites de la normalidad puede desarrollar una osteoporosis durante esta etapa fundamentalmente por tres mecanismos:

a) Si parte de un pico de masa ósea en el límite inferior de la normalidad.

b) Pérdida precoz de la masa ósea.

c) Pérdida de masa ósea anual superior a lo normal.

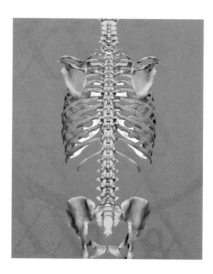

Evolución de la masa ósea en la vida de una mujer.

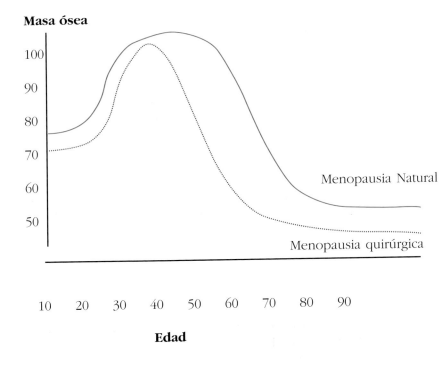

**Masa ósea**

Menopausia Natural

Menopausia quirúrgica

**Edad**

Las causas de osteoporosis durante la menopausia son múltiples destacando las genéticas, delgadez, consumo elevado de alcohol, tabaco y café, corticoides, alimentación baja en productos lácteos y elevada en proteínas, enfermedades como alteraciones de la función tiroidea.

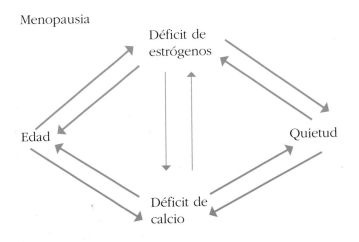

Menopausia

Déficit de estrógenos

Edad

Quietud

Déficit de calcio

La única manera de poder establecer la existencia de una osteoporosis o de realizar el control de la eficacia de los

**Hay medidas preventivas que deberían establecerse desde la infancia.**

tratamientos cuando la enfermedad ya está establecida y la vigilancia de los grupos de riesgo consiste en el conocimiento de la masa ósea. El diagnóstico de esta enfermedad silenciosa sólo puede realizarse mediante la realización de una densitometría y mediante el estudio de marcadores bioquímicos que estudian el metabolismo óseo.

En los siguientes apartados comentaremos el tratamiento eficaz en la osteoporosis. Sin embargo, no podemos olvidar que existen determinadas medidas preventivas de carácter general y sin duda, las más importantes que deberían establecerse desde la infancia. Estas han de dirigirse en tres sentidos: generar los hábitos dietéticos correctos, especialmente en relación con la ingesta de calcio, estimular la corrección de hábitos tóxicos que disminuyan la mineralización ósea, y establecer programas que estimulen el ejercicio físico.

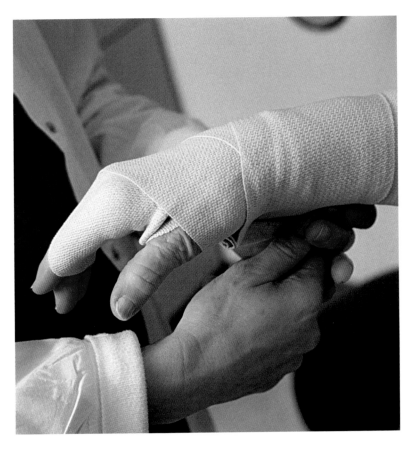

*b) Alteraciones articulares y musculares*

Los dolores articulares, musculares y nerviosos son después del cansancio la patología subjetiva más frecuente. Su aparición suele ser más frecuente en las primeras etapas de la vida menopáusica.

Los dolores de las articulaciones se relacionan con la disminución de los estrógenos que en general son protectores de enfermedades reumáticas.

La presencia de estos dolores contribuye a un estado más sedentario de la persona aumentando el riesgo de osteoporosis, enfermedades cardíacas, diabetes...

# Enfermedades asociadas a la menopausia

La mayoría de los órganos y sistemas pueden sufrir modificaciones debidas a los cambios hormonales de la menopausia.

Las manifestaciones clínicas pueden aparecer precozmente antes del cese de las reglas: alteraciones menstruales, síntomas neuroegetativos, manifestaciones psicológicas.

Otras son de aparición más tardía: alteraciones del trofismo cutáneo y otras a más largo plazo (óseas y cardiovasculares).

Se acepta que un 75-85% de mujeres tienen síntomas secundarios al déficit estrogénico, aunque son importantes e incapacitantes en un porcentaje mucho menor y sólo un 15-20% consultan por ello.

Hay que considerar la gran variabilidad individual en la sintomatología ya que existe una dificultad en la valoración de la intensidad de los síntomas. También en relación al envejecimiento, ya que en ocasiones es difícil distinguir lo que depende del déficit de estrógenos y lo que es propio del proceso del envejecimiento.

Son importantes los factores personales psicológicos, familiares, culturales, sociales que condicionan la actitud de la mujer ante la menopausia, e influyen en sus repercusiones clínicas.

La disminución del nivel estrogénico <u>no es uniforme</u> en todas las mujeres. Es distinto tras la castración (intervención quirúrgica u otros) que tras la menopausia espontánea.

También es variable el nivel estrogénico según la mayor o menor conversión periférica de precursores androgénicos (nutrición, obesidad, ejercicio, tabaquismo). Sus repercusiones clínicas son diferentes.

A continuación describiremos una serie de situaciones que pueden ocurrir en este crítico período.

### Metrorragias

Es uno de los síntomas que más preocupa a la mujer: <u>el sangrado</u>. Más de la mitad de las hemorragias uterinas anormales ocurren desde los 40 a los 50 años.

Son importantes además de por su frecuencia, porque en su etiología pueden estar implicadas tanto alteraciones funcionales como patología orgánica o gestacional que preocupan a la paciente y obligan al médico a hacer un diagnóstico exacto.

Las alteraciones más frecuentes son los ciclos cortos, que luego, se transforman en ciclos largos o retrasos menstruales hasta la <u>amenorrea</u> definitiva.

Puede haber menstruaciones más duraderas y más abundantes. Excepto las alteraciones en la duración de los ciclos, todas las alteraciones menstruales, así como <u>los sangrados en la menopausia deben ser estudiados</u>.

**Si se produce un sangrado sin causa aparente debe acudirse al médico lo antes posible.**

<u>Un sangrado genital al cabo de un año de la última regla tiene que ser estudiado</u>, ya que puede ser la causa de un problema serio e importante. Por lo tanto, toda mujer que tras un año entero sin regla, sangre, <u>debe consultar de inmediato con su ginecólogo</u>.

Cuando una mujer acude al médico porque ha sangrado, no sabe si la sangre proviene del útero o de otra parte del aparato genital. A veces se confunde con hemorragias rectales (hemorroides) o uretrales.

## Clasificación de las hemorragias post-menopáusicas

Genitales
*Vulva*
 Benignas
 Malignas

*Vagina*
 Benigna: vaginitis atrófica, úlceras por pesarios
 Maligna (rara)

*Cuello*
 Benignas: ectopia, erosiones, pólipos
 Malignas: carcinoma de cuello en todos sus
 estadios

*Endometrio*
 Benigna: hiperplasia, pólipos, atrofia, endome-
 triosis
 Maligna: adenocarcinoma, tumor de células claras

*Trompa*
 Excepcional

*Ovario*
 Benigna: tumor de la granulosa, tecoma, otros tu-
 mores ováricos
 Maligna: en tumores funcionantes malignos

 Diátesis hemorrágica, hipertensión, etc
 Extragenitales
 De uretra
 De recto

De la anterior clasificación, las dos formas más importantes y frecuentes son la hiperplasia y el adenocarcinoma de endometrio.

Hay otras posibilidades a tener en cuenta, aunque raras.

En la <u>vulva</u>, la mujer mayor, senescente, puede tener úlceras tróficas que sangran. La mujer puede descubrir que sangra y consultárselo a su médico, creyendo que "sangra de dentro". También puede ocurrir esto con el carcinoma de vulva, teniendo en cuenta que su máxima incidencia es en los años más tardíos de la menopausia.

En la vagina, hay atrofia del epitelio vaginal por la falta de estrógenos, dando lugar a una vaginitis atrófica muy corriente en mujeres pasados los 55 años.

En la mujer con relaciones sexuales, con el roce puede sangrar y alarmar, acudiendo al médico por este motivo.

El <u>cáncer de cuello de útero</u>, aunque es más frecuente en la premenopausia que en la post-menopausia, existen casos de evolución lenta que pueden dar sus manifestaciones pasada la menopausia.

La exploración ginecológica distinguirá y diagnosticará este tipo de patología diferenciándola de la del cuerpo uterino.

La hiperplasia de endometrio y las diferentes formas de adenocarcinoma corporal son las causas más frecuentes de hemorragia en esta parte de la vida.

Hay tumores funcionantes del ovario que por exceso de estrógenos producen hemorragias funcionales.

El <u>diagnóstico</u> debe hacerse mediante

1.- *Inspección clínica*
Con espéculo. Permite eliminar causas no uterinas (vulvares, vaginales, etc).
Esta exploración no debe emitirse, así como un frotis vaginal.

2.- *Biopsia de endometrio*, mediante dilatación y legrado, microlegrado o biopsia guiada por histeroscopia.

3.- *Citología* por aspiración endometrial.

**Tratamiento**

Para hacer un tratamiento correcto, lo primero que se necesita es un diagnóstico.

Si es hiperplasia se tratará con gestágenos y si a pesar de esto recidiva, se realizará una histerectomía.

En el caso de cáncer de endometrio el tratamiento es de primera intención quirúrgico radical.

## Incremento del riesgo vascular

Se sabe que la mujer enferma más raramente que el hombre de enfermedad coronaria en los años de la madurez, pero al llegar la menopausia la prevalencia de la enfermedad cardiovascular es mayor en las mujeres.

Los estrógenos mejoran la lipidemia y esto previene contra la arteriosclerosis en general y contra la arteriosclerosis coronaria en particular.

La colesterolemia total no presenta diferencias significativas entre el hombre y la mujer, sin embargo, la mujer posee mucho más colesterol circulante en forma de lipoproteínas de alta densidad (HDL), factor que se considera como depurador del colesterol tisular. Este aumento representaría un factor de protección vascular específico del sexo femenino. En la menopausia desciende este nivel, aunque siempre es superior al del hombre.

Aumenta en la menopausia el nivel de lipoproteínas de baja densidad (LDL) y este factor contribuye al aumento del riesgo vascular.

La presión arterial aumenta con la edad, tanto en el hombre como en la mujer y es más rápido en la post-menopausia y afecta, más a la presión diastólica, modificando poco la sistólica.

Podemos decir que la condición femenina previene contra la enfermedad coronaria y que la pérdida hormonal al llegar a la menopausia deja a la mujer desarmada y tan expuesta o casi tan expuesta como el varón, a padecer infarto de miocardio.

La deprivación estrogénica expone a la mujer a un riesgo vascular acentuada por la afectación vascular, la modificación del metabolismo lipídico y el aumento de la presión arterial.

## Trastornos psíquicos

Se ha atribuido a la retirada de las reglas cambios en el carácter y en la afectividad. Algunos han cuestionado esta relación. Su prevalencia e intensidad son muy variables. Su aparición es precoz, ya en la perimenopausia, siendo transitoria y desapareciendo en la post-menopausia.

La relación entre la deficiencia de la función ovárica y el estado psíquico es difícil de valorar. Se unen a los hechos biológicos del hipoestronismo, otros sociales, culturales, familiares. Añadiendo a esto la personalidad de la mujer.

En las sociedades antiguas, en las que el papel de la mujer era esencialmente reproductor, la pérdida de la capacidad cíclica se consideraba como una cesación de toda su actividad biológica, y la mujer post-menopáusica era un objeto inservible. Además en estos tiempos, la vida media de la mujer era más corta, y por lo tanto, la mujer en ese tiempo permanecía en el hogar como persona "ya" mayor hasta la muerte.

**Con la llegada de la menopausia se producen cambios físicos, psíquicos y también emocionales.**

En los tiempos modernos, en los que la mujer sobrevive en muchos años a la menopausia, con capacidad, energía y posibilidades de seguir realizando su vida de familia, trabajo, sociedad, etc, no tiene por qué "resignarse" a un papel de anciana.

Este aumento de la vida media y mejora del estado intelectual, físico y estético, la menopausia adquiere cada vez más importancia.

Las alteraciones más frecuentes son: el <u>nerviosismo</u> (excitabilidad anormal e inquietud física y mental) la <u>irritabilidad, la ansiedad, depresión, insomnio, disminución de la líbido.</u>

## Alteraciones tróficas

Son a medio plazo. Están presentes en la mayoría de las mujeres menopáusicas avanzadas.

*La vulva*
Pierde vello púbico
Se adelgaza la piel
Disminuye el tejido elástico y celular subcutáneo.

*La vagina*
Se acorta
Se estrecha
Pierde rugosidad y elasticidad

*Síntomas urinarios incrementados*
Uretritis
Cistitis atróficas
Incontinencias urinarias

*Alteraciones del suelo pélvico*
Prolapsos

*Piel*
Se vuelve más delgada
Disminuye su elasticidad

*Mama*
Disminución de su componente glandular
Disminución del estroma (más tardías)

Es una de las repercusiones a largo plazo de la carencia estrogénica. Una de las más importantes.

El ginecólogo juega un papel importante en la prevención y en su tratamiento.

Consiste en un trastorno sistémico que se caracteriza por una masa ósea disminuida y un deterioro de la microarquitectura del tejido óseo, que conlleva una mayor fragilidad y una mayor posibilidad de fracturas.

Tiene múltiples etiologías

Su frecuencia está relacionada directamente con la edad.

Antes de los 50 años: más baja

Mayores de 50 años: 50%

Por encima de 70 años: 75%

Es muy importante, no sólo por su frecuencia, sino por las repercusiones médicas, económicas y sociales de sus consecuencias:

Fracturas: Vertebrales
Cadera
Antebrazo

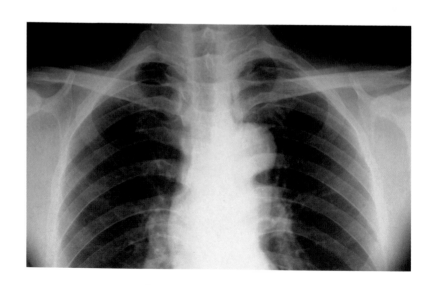

Hoy, se sabe que los estrógenos son importantes en el equilibrio entre formación y resorción ósea.

Al diminuir los estrógenos dominan los procesos de resorción sobre los de formación y se produce una pérdida de masa ósea y un deterioro en la arquitectura ósea que condiciona la osteoporosis y las fracturas óseas.

Está demostrado que la administración exógena de estrógenos evita la pérdida de masa ósea en la menopausia.

Hay que conocer los factores de riesgo que presenta cada mujer frente a la osteoporosis:

Antecedentes familiares

Hábito asténico

Baja ingesta de Calcio

Vida sedentaria

También existen osteoporosis secundarias a patologías médicas o quirúrgicas o a la administración de fármacos (corticoides, heparina).

Se objetiva la densidad ósea, mediante la realización de técnicas sencillas, como la densitometría ósea que es la más empleada.

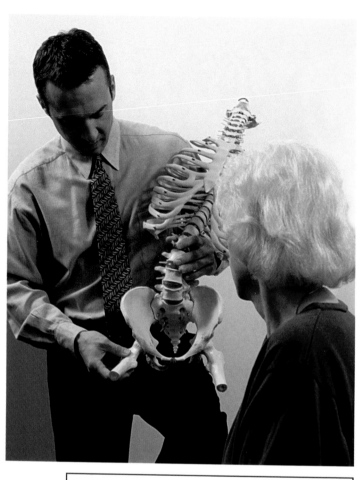

Fractura de cadera, antebrazo, vértebra

# Tratamiento hormonal sustitutivo en la menopausia

El THS nace por la necesidad de aliviar los síntomas específicos asociados a la disminución de producción estrogénica debida a la menopausia.

En su inicio trató de disminuir los sofocos o la atrofia con estrógenos. Posteriormente, en los últimos años, es cuando han cambiado los planteamientos iniciales.

De una terapia curativa, se ha pasado a una preventiva, sobre todo por el conocimiento del efecto beneficioso sobre el sistema cardiovascular y óseo. Su efecto sobre la incontinencia urinaria o los fenómenos cognitivos han de ser continuados, pero hay razones para creer que la THS será también beneficiosa en estas áreas.

La THS, tanto a largo como a corto plazo, representa beneficios, aunque también puede tener en menor medida, efectos potencialmente indeseables.

El ginecólogo debe informar a la paciente, tanto de los beneficios como de los riesgos y crear una buena relación médico-paciente, para entre los dos, tomar la decisión adecuada.

El conocimiento de los beneficios y los riesgos de un tratamiento es fundamental para determinar la conveniencia o no de su instauración.

Salud para todos

Menopausia

Es difícil hablar de riesgo y beneficio en el caso de la terapia hormonal sustitutiva, sobre todo porque se han utilizado gran variedad de fármacos, vías y pautas de administración y no coinciden los datos obtenidos con las diferentes terapéuticas.

Por eso existe una gran confusión

Durante este tiempo de la menopausia alrededor de un 80% de mujeres refieren síntomas vasomotores, que en muchos casos afectan a su calidad de vida.

El déficit estrogénico ocasiona a corto plazo (atrofia vaginal, disminución de la líbido) y a largo plazo (osteoporosis y riesgo cardiovascular).

Por esto la THS parece ser de elección para el alivio de la sintomatología ligada a la deprivación estrogénica.

Pero, <u>no se encuentra exenta de inconvenientes</u>, como:

- Incremento del riesgo de cáncer de mama
- Trombosis venosa
- Empeoramiento en el asma intrínseco
- Colelitiasis
- Hemorragias
- Mastodinia

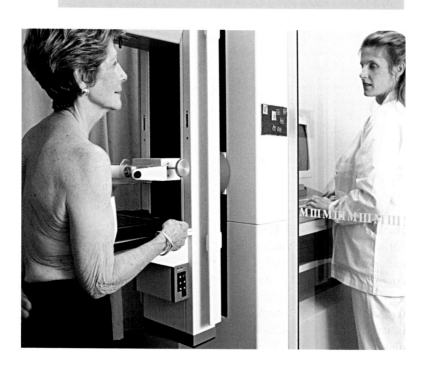

Los <u>beneficios</u> se basan en la <u>mejoría</u> de los síntomas

- La sequedad y arrugas de la piel

- Fuerza muscular

- Calidad de la visión

- Calidad de la audición

- Apnea del sueño

- Sequedad bucal

También protege frente a:

- Osteoporosis

- Cáncer de colon

- Caídas dentales

---

Está controvertido su papel en:

- Enfermedad vascular arterial

- Enfermedad de Alzheimer

Hay que considerar también que los efectos de la THS en la densidad ósea y el metabolismo desaparecen cuando cesa el tratamiento

### ¿En qué consiste el THS?

Sobre todo en la administración de estrógenos para solucionar el problema básico del hipoestronismo, como consecuencia del cese de la función ovárica.

Cuando la mujer tiene útero (no ha sido histerectomizada), debe añadirse siempre un gestágeno para contrarrestar la capacidad de proliferación del estrógeno a nivel endometrial.

Pueden utilizarse distintos estrógenos, distintos gestágenos, distintas pautas de asociación y distintas vías de administración.

Es muy importante que el tratamiento tenga una valoración individualizada de la balanza riesgos/beneficios en cada paciente, de forma personalizada.

Sólo de esta manera, serán mayores los beneficios que los riesgos y estaría bien indicada la THS.

La valoración debe ser periódica, a lo largo del tiempo.

La paciente debe acudir a los controles que le indique su médico y a la realización de las pruebas, tanto analíticas como de imagen.

Analítica a controlar

- Pruebas hepáticas
- Perfil lipídico
- Control coagulación

Pruebas de imagen

- Mamografía

- Densitometría ósea

Estas son las más correctas. El médico añadirá otras que crea convenientes, según la situación de la paciente.

Existes efectos secundarios del THS, que se producen los primeros días o semanas. Son mínimos y poco frecuentes, están relacionados con la dosis y mejoran al disminuirla, por lo tanto la paciente deberá indicarlo a su médico para que él decida su continuidad o no y la disminución de la dosis.

Se incluyen también:

- Náuseas
- Vómitos
- Mareos
- Tensión mamaria
- Edemas

Existen hemorragias por deprivación, que son previsibles con la pauta cíclica e imprevisibles con la pauta continua.

Si no se informa a la paciente de la posibilidad de que ocurran, son causa del abandono por parte de la paciente.

Indicaciones generales para el tratamiento
- Menopausias precoces
- Paciente con síntomas
- Pacientes asintomáticas con riesgo de osteoporosis

Todas estas pacientes deben ser conscientes de que el tratamiento debe ser prolongado y que existen otras posibilidades terapéuticas para ellas.

Salud para todos

Menopausia

## Vías de administración

Ya indicado el THS, es necesario elegir y comentar las pautas y vías de administración.

> Hay varias vías:
>
> 1. Oral
> 2. Parenteral
> 3. Percutánea y transdérmica

### Vía oral

Es la más utilizada en algunos países, pero en los del área mediterránea predominan más los de vía transdérmica y percutánea.

Hay que tener en cuenta que los de vía oral son absorbidos a través de la pared intestinal, entrando en el hígado por el sistema porta, por lo que implican cambios metabólicos antes de pasar a la circulación sistémica.

Se utilizan los estrógenos naturales como el estradiol y el estriol en el continente europeo y los estrógenos conjugados equinos (ECE) en el continente americano.

*Estrógenos conjugados equinos*

Se han mostrado eficaces a dosis de 0,625 y 1,250 mg/día.

El estradiol se absorbe mal por vía oral y se metaboliza rápidamente. Hay compuestos micronizados que contienen 2 mg de 17-b-estradiol.

Produce un marcado efecto hepático, por lo que no se usa en la menopausia.

### Vía parenteral

No es de uso frecuente, ya que los niveles obtenidos no son estables. Si aparece un efecto secundario tiene el inconveniente de no poder retirar el estrógeno de la circulación.

*Implantes subcutáneos*

Tienen que ser colocados por personal sanitario, bajo anestesia local. Consiguen niveles de estradiol y una relación estradiol/estrona próximos a los valores fisiológicos de la premenopausia.

## Vía vaginal

El epitelio vaginal absorbe rápidamente los estrógenos y el uso de cremas permite obtener valores de estradiol propios de la premenopausia. Los niveles, sin embargo, son inestables, con un pico después de la administración y niveles más bajos y oscilantes a continuación.

Esta vía sería la ideal para las mujeres con sintomatología de atrofia vaginal, fundamentalmente.

### Percutánea y transdérmica

Han demostrado ser efectivas. Existes preparados en forma de gel de 17-b-estradiol, que con dosis de 1,5 mg a 2,5 mg permite obtener niveles plasmáticos de 50-150 pg/ml.

También existen parches transdérmicos.

Parches de reservorio de 2,4 y 8 mg de estradiol con dosificaciones de 25-50 y 100 ug/d y, los matriciales de 37,5 y 100 ug/día.

De esta forma se evita el primer paso hepático y la intolerancia gastrointestinal.

## Gestágenos

En las mujeres que tienen útero hay que añadirle un gestágeno para prevenir el cáncer de endometrio y contrarrestar el efecto de proliferación estrogénica a nivel endometrial.

Existen gran variedad de gestágenos, pero, en la actualidad se está utilizando cada vez más la progesterona natural micronizada, que es efectiva por vía oral y tiene menos efectos secundarios.

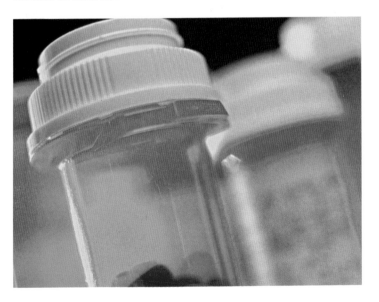

## Pautas de administración

### Pauta continua

Se administra el estrógeno y el gestágeno diariamente y sin interrupción. En los primeros meses pueden aparecer sangrados anárquicos que hay que conocer y advertir. A la larga produce atrofia endometrial y amenorrea.

Es la pauta utilizada en mujeres que no quieren tener más menstruaciones y estaría indicada en la post-menopausia franca.

### Pauta cíclica o secuencial

Se administra el estrógeno diariamente y se añade el gestágeno los primeros 13, 14 días de cada mes. La mayoría de las pacientes tiene una hemorragia de deprivación al terminar el gestágeno o en los últimos días de su administración. En general, esta hemorragia es escasa y va disminuyendo con el tiempo.

Es anormal un sangrado antes del 9º-10º día de la administración del gestágeno.

Es una pauta para mujeres más jóvenes y que quieren tener menstruaciones.

### Otros fármacos

SERM: moduladores selectivos de los receptores de estrógenos.

Tienen acción estrogénica importante y útil a nivel óseo y a nivel cardiovascular.

Tienen acción antiestrogénica en el endometrio, la mama, el sistema nervioso central y la vagina. Los más conocidos son el Raloxifeno y el Tamoxifeno.

## Fármacos de acción tejido-específica

### La tibolona

Tiene acciones estrogénicas, gestagénicas y androgénicas.

Se ha estudiado que la dosis diaria de 2,5 mg de tibolona es la óptima para el tratamiento de los síntomas climatéricos en las mujeres post-menopáusicas.

### CONCLUSIONES AL THS

• Debe darse a toda mujer que lo necesite; mujeres con riesgo de fracturas por osteoporosis, mujeres con gran componente neurovegetativo y sequedad de piel y mucosas.

• Hay que administrarlo adecuadamente. No es lo mismo en una mujer que en otra.

• Ver este tratamiento conjuntamente el médico y la paciente, los pros y los contras.

• Tener un buen seguimiento con controles periódicos mamográficos, ecográficos y analíticos.

• Compromiso de la mujer de observar bien los efectos secundarios y concienciarse de que el THS puede tener sus inconvenientes y que tienen que ser vigiladas y controladas por su médico ginecólogo.

### EN EL BALANCE DE BENEFICIO/RIESGO DE LA TERAPIA ESTROGÉNICA (TE)/TERAPIA ESTRO-PROGESTATIVA:

• Es favorable para el tratamiento de los síntomas que afecten a la calidad de vida, siempre que se utilice la dosis mínima efectiva, durante el tiempo de tratamiento más corto posible.

• El balance beneficio/riesgo de la TE/TEP se considera desfavorable para la prevención de la osteoporosis como tratamiento de primera línea a largo plazo.

• En mujeres sin sintomatología no está justificado el tratamiento TE/TEP.

Son recomendaciones y modificaciones de la Agencia Española de Medicamentos y Productos Sanitarios, siguiendo las recomendaciones del Comité de Seguridad de Medicamentos de uso humano.

# Alternativas a la THS

## Introducción

El tratamiento de la menopausia debe de ser polifacético como múltiples son los síntomas y la patología a prevenir o tratar en ella.

La terapia hormonal sustitutiva es el tratamiento fundamental, por tratar la causa última de la aparición de los síntomas como es la pérdida de los niveles fisiológicos de estrógenos.

Sin embargo, en ciertos casos dicha terapia esta contraindicada, o son necesarias altas dosis, tiempos prolongados de la administración o no resuelven todos los síntomas que plantea la salud y el pronóstico futuro de la mujer en su climaterio.

Por lo tanto, debemos encontrar otras formas de tratamiento que puedan sustituir o complementar a los tratamientos habituales. El objetivo de este capítulo, radica en repasar las distintas opciones existentes en la actualidad.

Nos limitaremos al estudio de los siguientes medicamentos:

*1) FITOESTRÓGENOS*
*2) MODULADORES SELECTIVOS DEL RECEPTOR ESTROGÉNICO*

### 1) Fitoestrógenos:

Los fitoestrógenos representan sustancias que forman parte de algunos vegetales tipo legumbres, hortalizas, soja... de uso habitual en Japón y sudeste Asiático, que ejercen alguna actividad estrogénica porque contienen liganos, cumestanos y sobre todo isoflavonas de acción selectiva sobre los receptores estrogénicos, sin tener estructura esteroidea.

**En los países orientales los niveles de isoflavonas son muchísimo más altos que en los occidentales.**

En nuestros días, esta medicación esta de moda dado que las pacientes orientales que llegan a la menopausia no sólo tienen un índice más bajo de sofocos sino que el índice de fracturas y alteraciones metabólicas propias de la menopausia también es menor. Pero no todo es debido a la dieta rica en estrógenos sino que existe un componente sociocultural importante.

En países orientales los niveles de isoflavonas rondan los 150-200 mg/día durante toda su vida mientras que los occidentales el consumo medio ronda los 5-15 mg/día.

Hoy día la industria farmacéutica prepara extractos de soja en cápsulas con tasa de isoflavonas aceptables que se administran de forma diaria y que tiene una buena tolerancia y aceptación por parte de las pacientes. Los efectos beneficiosos son evidentes con una disminución del 50% de los sofocos, mejoría del trofismo genito-urinario y no solo prevención de la pérdida de masa ósea sino que en ocasiones puede existir pequeños incrementos.

Es por tanto una alternativa útil en la menopausia pero no debemos olvidar que las mujeres orientales toman en su dieta durante toda su vida entre 150-200mg/día frente a los 20mg/día de las mujeres occidentales. Debemos no solo tomar estos preparados sino que debemos mejorar los estilos de vida para encontrar un mejor estado de salud.

Existen tres familias de fitoestrógenos:
Isoflavonoides
Lignanos
Derivados del resorcinol

El mecanismo de acción de los fitoestrógenos varia en función del órgano donde actúa:

*1) Efecto de los fitoestrógenos sobre los sofocos y sudoraciones:*
Según los datos existentes en la literatura revisada, las isoflavonas han demostrado ser eficaces en el tratamiento del síndrome climatérico leve-moderado, de forma dosis dependiente, es decir que se evidencia una mejoría de los síntomas en aquellas mujeres que toman mayor cantidad de fitoestrógenos. Se ha demostrado una clara mejoría **La ingestión de isoflavonoides mejora la intensidad y frecuencia de los sofocos.** sobre la frecuencia y la intensidad de las sofocaciones, utilizando dosis superiores a los 50 miligramos al día.

*2) Acción de los fitoestrógenos sobre el hueso:*
Los fitoestrógenos han demostrado tener capacidad para mantener la masa ósea después de la menopausia.

Podemos señalar como principal mecanismo de acción la estimulación de los receptores estrogénicos que se localizan en el hueso. En la actualidad, los datos que disponemos sobre los fitoestrógenos y el hueso parecen señalar que estos son útiles para mantener la masa ósea en la mujer menopáusica. Sin embargo, conviene señalar ciertos aspectos:

Ningún tratamiento farmacológico puede sustituir un estilo de vida saludable, con realización de ejercicio moderado y un aporte de calcio adecuado.

No existen datos concluyentes sobre el papel de los fitoestrógenos en la prevención de las fracturas.

*3) Fitoestrógenos y perfil lipídico:*
En la menopausia aumentan los niveles de colesterol total y LDL y se reducen las concentraciones de HDL lo que conlleva al desarrollo de un riesgo cardiovascular incrementado.

La ingesta de soja se ha asociado con disminuciones en los niveles de LDL y colesterol total. Esta acción parece estar en relación con la existencia en la soja de los ácidos grasos linoleico. Las dosis necesarias para lograr este efecto se encuentran entre los 34 y los 110 miligramos día de soja.

*4) Fitoestrógenos y aparato cardiovascular:*
Los efectos beneficiosos de los fitoestrógenos sobre el aparato cardiovascular son las modificaciones en el perfil lipídico, aumenta la actividad antioxidante y tienen un efecto vascular directo evitando la arteriosclerosis.

*5) Fitoestrógenos y cáncer de mama:*

El cáncer de mama es una de las patologías más frecuentes en la mujer en edad menopáusica. Aquellas pacientes menopausicas con sintomatología importante y que llevan más de cinco años utilizando terapia hormonal sustitutiva se plantea un dilema a la hora de seguir o suspender el tratamiento dado el incremento en el riesgo de cáncer de mama. Este es el momento donde tanto ginecólogos como pacientes se platean la posibilidad de realizar tratamiento con fitoestrógenos. Existen recientes investigaciones las cuales confirman el efecto beneficioso de los fitoestrógenos al bloquear el receptor de estrógenos y evitar así el efecto estimulante de los estrógenos naturales.

**El cáncer de mama es una de las patologías más frecuentes en la edad menopáusica.**

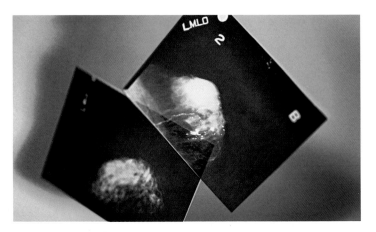

## 2) SERM (moduladores selectivos del receptor estrogénico)

Dentro de este complejo grupo haremos mención al papel del raloxifeno. Se trata de un fármaco muy eficaz en la prevención y tratamiento de la osteoporosis sin tener efectos secundarios sobre la mama, el endometrio o el perfil lipídico. Si bien este fármaco, no debe ser de primera elección en pacientes con osteoporosis, si debemos tenerlo en cuenta y utilizarlo en aquellos casos donde queramos no sólo disminuir el número de osteoporosis sino también realizar protección del cáncer de mama.

Sin embargo, el único inconveniente es el empeoramiento de los síntomas vasomotores (sofocos y sudoración) que en ocasiones son los únicos síntomas existentes.

Se trata de un fármaco del que se beneficiarían aquellas pacientes sin sofocos y sudoración y en los que existiese una osteoporosis marcada o alto riesgo de desarrollar la misma.

a) *Efecto sobre la prevención de osteoporosis*: existen datos suficientes por los que podemos afirmar que tiene un efecto protector aumentadon la densidad mineral ósea, es decir, la cantidad de hueso por lo que no sólo sirve como prevención sino como tratamiento.

b) *Efecto sobre la prevención de fracturas vertebrales*: con una dosis de raloxifeno de 60mg/día disminuye de manera significativa la aparición de fracturas.

c) *Perfil lipídico*: mejora el perfil lipídico disminuyendo el riesgo cardiovascular.

d) *Raloxifeno y cáncer de mama*: se ha objetivado una disminución en el número de cánceres de mama en pacientes usuarias de este medicamento.

e) *Raloxifeno y efectos sobre el útero*: no se ha demostrado un aumento de la patología del endometrio (capa interna del útero) en usuarias de raloxifeno.

En resumen, podemos afirmar con un alto nivel de evidencia que el raloxifeno tiene un efecto beneficioso en el tratamiento y prevención de la osteoporosis, sin incrementar los síntomas vasomotores como sofocos y sudoración y que además parece existir un papel protector del mismo en lo que respecta al cáncer de mama.

**Está demostrado que el raloxifeno tiene un efecto beneficioso en el tratamiento y prevención de la osteoroporosis.**

Los fármacos expuestos en este apartado no suelen ser englobados dentro del concepto de terapia hormonal sustitutiva. Sin embargo, tanto la tibolona como los SERM son tratamientos hormonales con efecto beneficioso pero que deben ser controlados por el especialista para evitar la aparición de efectos secundarios y garantizar el cumplimiento de los tratamientos.

TRATAMIENTOS NO HORMONALES

Existen patologías asociadas a la menopausia o asociadas a ella que exigen además de la terapia hormonal sustitutiva y como complementos, tratamientos específicos. Estos fármacos resultan muy útiles en casos de contraindicación de THS.

La mayoría son propios de los especialistas correspondientes, pero el ginecólogo debe tener conocimiento esquemático de los mismos para ver la evolución de las pacientes menopáusicas.

### CEFALEAS

Se trata de un síntoma clásico que puede aparecer en los años de la menopausia y que generalmente es de carácter benigno y crónico. Una vez, descartado cualquier otra enfermedad su tratamiento puede ser preventivo o terapéutico. La prevención se refiere: a) eliminar factores como estrés, falta de sueño, cansancio... y b) inicio precoz del tratamiento cuando se intuye y antes de que aparezca el dolor. Con respecto a este punto, muchas mujeres que son poco partidarias de tomar analgésicos "aguantan" al máximo el dolor e inician el tratamiento cuando ya no soportan dicho dolor. La toma de analgésicos no es tan útil y requiere mayor cantidad de dosis. El tratamiento de cualquier tipo de dolor debe iniciarse en el momento en que se intuye el mismo con el propósito de que los niveles de fármaco sean los máximos en el momento que el dolor es máximo. Esto tan simple pero tan pocas veces llevado a la práctica, evitaría abandonos de los tratamientos del dolor y en definitiva una mejor calidad de vida para la paciente.

La terapia analgésica que podemos utilizar es amplia (paracetamol, antiinflamatorios..) pero siempre debe estar bajo prescripción médica.

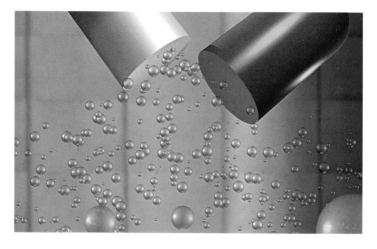

### HIPERTENSIÓN

La primera causa de mortalidad en las mujeres menopáusicas son las enfermedades cardiovasculares por lo que debemos intentar controlar los factores de riesgo y entre ellos un esencial es la hipertensión. Existen numerosos fármacos antihipertensivos como los diuréticos, los inhibidores de los canales de calcio.. etc los cuales deben ser utilizados bajo la supervisión del médico de cabecera.

## OBESIDAD

Esta patología no debe ser considerada solamente desde el punto de vista estético sino también médico dada la asociación que tiene la misma con enfermedades como la diabetes, la arteriosclerosis o el cáncer. El tratamiento debe iniciarse realizando un ejercicio moderado de manera regular y una dieta equilibrada. Este debe ser el principal punto de partida y no intentar perder peso de una manera brusca utilizando dietas milagros que en ocasiones limitan un aporte adecuado de los nutrientes básicos. Los tratamientos médicos que al igual que los regímenes serán controlados por endocrinólogos sólo debieran ser utilizados cuando las medidas higiénico dietéticas fracasen. En casos extremos y bajo la supervisión médica puede estar indicada la cirugía.

**La pérdida de peso sólo se puede llevar a cabo bajo la supervisión de un endocrino.**

## OSTEOPOROSIS

En este apartado comentaremos los tratamientos no hormonales existentes en la actualidad para combatir la osteoporosis. El objetivo primordial de un fármaco para lograr un buen tratamiento de la osteoporosis debería girar en torno a los siguientes puntos:

1) Reducir el número de fracturas.
2) Administración de fácil cumplimiento.
3) Buena tolerancia a corto y largo plazo.
4) Aumento de la masa ósea.
5) Mejoría de la calidad de vida.

Los siguientes interrogantes que se nos plantean son: ¿a quién debemos tratar? ¿cuándo debemos iniciar el tratamiento? Debemos tratar, en general, a toda mujer climatérica pre, peri o posmenopáusica que presente una osteoporosis o un elevado riesgo de padecerla. Se debe iniciar el tratamiento en el instante que diagnostiquemos la enfermedad y la estrategia a seguir estará en función del grado de la misma.

Dividiremos los fármacos en dos grupos: los que disminuyen la pérdida de hueso y los que estimulan la formación del mismo.

1) *Fármacos que inhiben la reabsorción ósea:*

*Calcitonina:* se trata de un medicamento que se puede administrar bien por vía intranasal o por vía endovenosa. Suele aconsejarse períodos de tratamiento de 10 a 14 días consecutivos con descansos de 20 y 16 días en función de la vía de administración utilizada. El tiempo mínimo de tratamiento es de al menos 6 meses.

*Difosfonatos:* gran efecto sobre la mejora en la masa ósea aunque los fármacos de primera generación (los primeros en salir al mercado) presentaban efectos secundarios desagradables como intolerancia digestiva, nauseas, diarrea y mareos. Los de reciente aparición son de uso semanal o quincenal y los efectos secundarios son menores.

*Vitamina D:* actúa sobre el intestino aumentando la absorción de calcio y fósforo. Su administración suele asociarse a la de calcio y debemos controlar los niveles de calcio en sangre para evitar la sobredosificación.

*Calcio:* basándonos en los estudios epidemiológicos más recientes, se recomienda una ingesta de 1000 de calcio por día, para aquellas mujeres con edades comprendidas entre los 25-50 años y para aquellas mujeres postmenopáusicas que reciban terapia hormonal sustitutiva; las que no reciben dicha terapia hormonal deberán ingerir 1400 mg al día. La ingestión de calcio hasta los dos gramos al día es segura, pero cifras por encima de ella pueden llevar a complicaciones, como litiasis renal.

*SERM:* fármacos anteriormente comentados.

2) *Fármacos que estimulan la formación de hueso:*
Paratohormona: en la actualidad es un fármaco en estudio.
Floruro sódico: la mayor experiencia con este fármaco se ha
encontrado utilizando dosis de 40-80 mg/día, con las cuales
se objetiva un aumento del hueso.

En resumen, que existen multitud de fármacos no hormonales que pueden ser utilizados como complemento
de la terapia hormonal sustitutiva o como única opción
en aquellos pacientes con alguna contraindicación para su
utilización.

# Metabolismo, nutrición y menopausia

## 1) Alteraciones del metabolismo durante la menopausia

Los cambios metabólicos del climaterio o menopausia deben englobarse dentro del proceso general del envejecimiento. En esta etapa se objetivan la presencia de cambios neuroendocrinos que afectan a múltiples glándulas del cuerpo humano como son la hipófisis, el hipotálamo, el ovario, las suprarrenales... Todos estos cambios se asocian a cambios en el estilo de vida como son: sedentarismo progresivo, alteraciones dietéticas, tabaquismo, alcoholismo y síndrome del nido vacío o abandono del hogar paterno por parte de los hijos con el consiguiente vacío familiar.

### Alteraciones de la composición corporal

En esta etapa de la vida se objetiva un cambio en las características de la composición corporal consistente en la disminución de la masa muscular y ósea y un aumento de la masa grasa. En la pérdida de la masa muscular influyen críticamente la progresiva disminución de la hormona de crecimiento y la disminución de la actividad física. Respecto a este tema debemos comentar la creencia popular: "sigo comiendo menos e incluso menos cantidad que antes y sin embargo peso más". Pues bien; debemos desterrar este tópico típico y subrayar que como hemos comentado antes se produce un cambio metabólico fisiológico en el metabolismo de la mujer climatérica pero que el estilo de vida influye de manera importantísima en acentuar esas alteraciones. Desde este libro quiero concienciar a las mujeres en edad menopáusica a modificar esos estilos de vida realizando una actividad física regular y a variar los regímenes de alimentación.

**En esta etapa de nuestra vida se observa un aumento de masa grasa y una disminución de masa muscular y ósea.**

### Apetito, humor durante la menopausia

En la menopausia aumenta la frecuencia de depresión debido a una caída de las hormonas femeninas. Dicha caída hormonal también estaría asociada a alteraciones en el apetito que en relación a lo anteriormente comentado provocaría disbalances energéticos.

## Balance energético durante el climaterio

Se ha demostrado una disminución de la oxidación grasa durante el envejecimiento. En estudios realizados con mujeres añosas, se ha demostrado mediante la técnica de calorimetría que existe una disminución de la oxidación grasa y también una disminución de la saciedad con respecto a mujeres jóvenes.

A pesar de estas modificaciones, la pérdida de masa magra es considerado como el principal responsable de la caída del gasto energético durante el climaterio.

## Obesidad

Las causa de sobrepeso en la menopausia son múltiples: genéticas, y otras asociadas a este período de la vida: hipotiroidismo, alteraciones hipotalámicas...

La presencia de esta patología no sólo está aumentando en la menopausia sino que hoy en día vemos un mayor índice de obesidad infantil en relación con un cambio en los hábitos dietéticos. Debemos insistir en esta patología dado que se asocia a gran cantidad de enfermedades como la diabetes, enfermedades cardíacas... En los siguientes apartados comentaremos la manera de combatir su aparición.

## Metabolismo de los lípidos

Durante el climaterio se ha observado un desequilibrio entre las hormonas que favorecen el metabolismo de las grasas y aquellas que favorecen la formación de las mismas a favor de estas últimas. Esto provoca que asociado a la obesidad, la diabetes exista un riesgo incrementado de desarrollar arteriosclerosis (presencia de depósitos grasos en las arterias) y con ello de padecer hipertensión arterial y enfermedades coronarias.

---

### Cambios en el perfil lipídico durante la menopausia

- Aumento de colesterol total
- Aumento de triglicéridos
- Aumento de colesterol-LDL
- Disminución de colesterol-HDL

---

### 2) Nutrición y menopausia:

La alimentación debe ser equilibrada en lo que respecta a lípidos, vitaminas, minerales e hidratos de carbono, evitando un aporte excesivo de calorías que junto a la menor actividad física, son los responsables de la obesidad. Las necesidades calóricas de la mujeres menopaúsicas oscilan entre las 1400 y las 2200 calorías, siendo el término medio de 1800 calorías. Para que la dieta sea equilibrada se deben satisfacer las necesidades de los tres principios inmediatos: lípidos, glúcidos y proteínas.

Esta dieta tiene la ventaja, además de mantener un peso ideal, evita la obesidad, previene las enfermedades cardiovasculares, la hipertensión, la diabetes.

Es frecuente que la mujeres al llegar a la menopausia atribuyan su aumento de peso a los cambios metabólicos utilizando la frase "me ha cambiado el metabolismo y encima como menos que antes". Si bien es verdad que durante la menopausia se produce un cambio en el metabolismo no podemos olvidar que dado que en esta etapa de la vida pueden aparecer algunas enfermedades las mujeres suelen presentar un estilo de vida mucho más sedentario el cual contribuye a ese aumento de peso y obesidad.

A continuación comentaremos los alimentos necesarios en una dieta en la mujer menopáusica.

Salud para todos

Menopausia

Las frutas y las verduras se pueden tomar libremente, pero no en exceso, ya que también aumentan el aporte calórico.

**En la alimentación deben evitarse las grasas de origen animal, los dulces y sazonar con moderación las comidas.**

Las frutas deben ser frescas y las verduras crudas, debiendo predominar sobre las cocidas, ya que al hervirlas se provoca la pérdida de minerales y de vitaminas. Se recomendarán: cítricos, melocotón, fresas, tomate, melón, zanahorias, por ser ricas en vitaminas; y guisantes, lechuga, judías verdes, por su riqueza en minerales principalmente en calcio.

Los cereales y las legumbres se tomarán preferentemente con los granos íntegros, ya que al refinarlos pierden minerales y fibra, ésta última tan necesaria en la prevención del cáncer de colon y el estreñimiento. Las mujeres frecuentemente evitan alimentos ricos en almidón por creer que engordan y si embargo son un excelente aporte de nutrientes con poco poder calórico.

Las carnes y pescados deben consumirse preferentemente cocidos o a la plancha en vez de fritos. La carne de pollo es la que menor cantidad de ácidos grasos saturados contiene, pero su piel es rica en grasas por lo que debe ser eliminada. La carne debe ser magra y es conveniente quitar la grasa antes de cocinarla. Los pescados azules, como el besugo, el bonito y sardinas, son recomendables por su alto contenido en ácidos grasos insaturados.

Los huevos son un alimento rico en colesterol por lo que no deben consumirse más de 2 ó 3 a la semana.

La leche y sus derivados son las principales fuentes de calcio, por lo que estos productos son imprescindibles en la alimentación de la mujer menopáusica. La leche y el yogur deben ser desnatados y los quesos frescos para evitar las grasas que tienen un alto poder calórico y alteran el nivel lipídico. En los casos en los que exista una intolerancia a los productos lácteos debemos satisfacer las necesidades de calcio (1400mgr/día) prescribiéndole tabletas que contengan calcio.

Debemos evitar las grasas de origen animal, la mantequilla, la margarina, los dulces y sazonar con moderación las comidas.

### Ejercicio físico

Como hemos comentado, la menopausia es una etapa de la vida donde se observa una tendencia aumentada a la vida sedentaria. La realización de un ejercicio físico moderado y de manera regular no debe empezar en esta etapa de la vida sino que debe ser parte del estilo de vida de la etapa adulta. En la sociedad actual se está viendo un incremento en los índices poblacionales de obesidad y no solo están relacionados con factores nutricionales sino también y quizás más importantes con un estilo de vida cada día más sedentario.

En el climaterio, el ejercicio juega un papel importante en la formación de hueso incrementando la masa ósea, mientras que la inmovilización provoca una grave pérdida ósea y predispone a la osteoporosis.

Las personas físicamente activas son menos propensas que las sedentarias a las enfermedades coronarias, y cuando se presentan lo hacen a una edad más avanzada y suelen ser menos graves. Por tanto, el ejercicio físico disminuye los riesgos de osteoporosis y enfermedad cardiovascular, pero para que el ejercicio físico sea osteogénico y cardioprotector ha de practicarse de forma vigorosa, con regularidad y con una duración adecuada.

Si a una mujer a quien recomendamos una actividad física ha sido inactiva toda su vida, debe someterse previamente

a una revisión médica exhaustiva que descarte el padecimiento de cualquier enfermedad.

Es fundamental que la actividad física se practique de una forma regular y constante, por lo que el programa de actividad ha de ser entretenido y estimulante, que despierte interés en la mujer, pudiendo ser ella misma quien elija el tipo de actividad.

Cuando se habla de ejercicio físico normalmente lo asociamos a una actividad realizada en un gimnasio, si bien no es el único lugar donde lo podemos realizar ya que existen muchas actividades al aire libre que se pueden realizar. Este apartado no trata de criticar el ejercicio realizado en los gimnasios que es bueno y suele estar supervisado por un preparador físico sino que trata de evitar la excusa de la falta de tiempo para ir al gimnasio y evitar la realización de la actividad física. Existen muchas actividades que se pueden realizar; caminar a paso rápido, correr, andar en bicicleta, gimnasia de mantenimiento...

**Es muy importante que la mujer realice ejercicio físico en esta etapa de su vida, el cual puede elegir ella misma.**

El ejercicio físico disminuye el riesgo de osteoporosis y de enfermedad cardiovascular y además evita la aparición de obesidad, hipertensión, reduce la ansiedad y tendencia a la depresión, aumenta la sensación de bienestar y por tanto la calidad de vida.

### HÁBITOS TÓXICOS

Los tóxicos sociales como el tabaco, el alcohol y la cafeína, además de tener efectos perjudiciales sobre distintos aparatos y sistemas del organismo, también tienen una influencia desfavorable sobre el síndrome menopáusico y especialmente sobre la masa ósea y el sistema cardiovascular.

El tabaco disminuye al acción de los estrógenos por lo que aumenta la sintomatología climatérica: altera la retención del calcio, favorece la aparición de osteoporosis, aumenta el riesgo de trombosis...

El consumo moderado de alcohol no es perjudicial e incluso beneficioso para el aparato circulatorio. El exceso de cafeína (más de 3 ó 4 cafes/día) también provoca dificultades en la reabsorción de calcio siendo perjudicial para la mujer posmenopáusica.

Gasto medio de calorías en la población femenina según la edad.

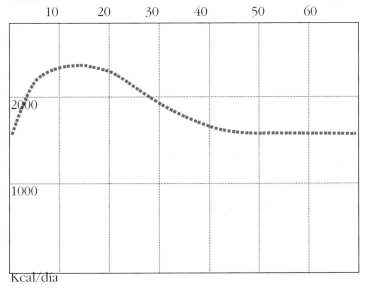

## Actividad física y consumo de calorías

| Actividad | Calorías |
|---|---|
| En sueño | 90 |
| Sentado | 101 |
| Paseo | 240 |
| Trabajo | 240 |
| Golf | 300 |
| Bicicleta | 360 |
| Natación | 360 |
| Bolos | 510 |
| Tenis | 540 |
| Carrera lenta | 750 |
| Travesía campo | 840 |
| Carrera rápida | 960 |
| Subir escaleras | 1 000 |

# Control médico
# de la menopausia

## Consulta de menopausia

Se trata de una consulta que ha de ser anual y orientarse a evaluar el estado de la mujer en esa etapa de la vida, aconsejar sobre estilos de vida beneficiosos, e informar a la paciente sobre puntos concretos y esenciales de los que dependerá su bienestar y su salud.

### Consulta inicial:

El primer objetivo de esta consulta es el establecer vínculos de entendimiento y afecto para que no sólo el mensaje del ginecólogo sea eficaz sino para que la paciente pueda exponer al médico sus miedos y dudas. Si bien es cierto, que en nuestros días el tiempo es muy valioso en la consulta de menopausia (sobre todo la primera) debemos "parar el reloj" y escuchar todo aquello que la paciente nos quiera transmitir. Esta primera consulta puede ahorrarnos mucho tiempo en consultas posteriores.

Debemos reparar en los antecedentes personales y familiares para ir evaluando el riesgo de desarrollar determinadas patologías. Comprobaremos la actitud de la mujer ante la menopausia, viendo si ha habido consultas y prescripciones previas y si se ha cumplido lo indicado.

### Exploraciones:

Son datos imprescindibles el peso, la talla, la tensión arterial; es de vital importancia saber estos parámetros antes de alcanzar el climaterio.

La revisión ginecológica es esencial, complementada con citología cervico-vaginal y ecografía. Lo ideal es realizar una revisión anual dado que en estas etapas de la vida aunque cese la actividad hormonal no quiere decir que no puedan aparecer enfermedades ginecológicas.

Como comentaremos posteriormente el cáncer de mama adquiere especial importancia en la mujer dado que se trata del tipo de cáncer más frecuente en la mujer en esta edad.

**La revisión ginecológica anual en esta etapa de la vida sigue siendo necesaria, ya que aunque cese la actividad hormonal pueden aparecer enfermedades ginecológicas.**

También debemos prestar especial atención al cáncer de ovario dado que la década de los 40-50 años es donde tiene mayor incidencia, es decir se dan más casos. Se trata de un tipo de tumor de difícil diagnóstico que cuando se presenta lo hace en estadios avanzados. La ecografía ginecológica es la mejor técnica de imagen que nos ayuda a diagnosticar esta patología y que debe ser realizada en la consulta ginecológica rutinaria.

El cáncer de endometrio es hormonodependiente aunque aparezca habitualmente en un momento en el que los niveles hormonales son más bajos de lo habitual. Se trata de un tumor que ocupa el segundo lugar en importancia por detrás del cáncer de mama. **Debemos recalcar que toda aquella mujer menopáusica que refiera sangrado tras la desaparición de las reglas debe acudir a la consulta del ginecólogo para descartar la existencia de ese tipo de tumor.**

El diagnóstico precoz del cáncer de mama se apoya en la triada formada por la autoexploración, el examen clínico y la mamografía habitual.

Hoy en día, se ha creado una importante alarma social con respecto al desarrollo de cáncer de mama en aquellas mujeres consumidoras de terapia hormonal sustitutiva con estrógenos. Hemos de comentar al respecto que si bien esta demostrado que la terapia puede aumentar el riesgo de cáncer de mama los efectos beneficiosos de la misma son incontables para aquellas pacientes que verdaderamente lo necesitan. En apartados previos de esta publicación, hemos expuesto la cantidad de síntomas que pueden aparecer durante la menopausia así como la intensidad variable de los mismos. En aquellas mujeres que verdaderamente necesitan el tratamiento no podemos negarles la posibilidad del mismo por el miedo a poder desarrollar cáncer de mama y que por tanto tengan que soportar unos síntomas que les llegan a limitar la vida social normal. Ni la terapia hormonal es buena para todo el mundo ni es mala para todos. Lo fundamental con respecto a este tema es la consulta donde le expondremos de una manera sencilla los posibles riesgos y los beneficios. La paciente debe implicarse en la realización del tratamiento ya que desde mi punto de vista ningún tratamiento debe ser impuesto sino aceptado de manera bilateral.

Aquellas pacientes que realizan tratamiento hormonal deben ser controladas de manera más estrecha, considerando la realización mamografía y ecografía anual.

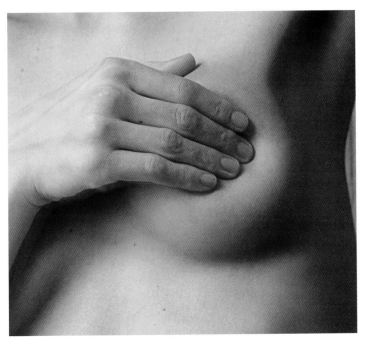

Cuando una de estas pacientes desarrolla un cáncer de mama la primera pregunta que tanto médico como paciente se realizarán es si la utilización de THS ha contribuido a la aparición del mismo. La pregunta no es fácil de contestar dado que en la aparición del cáncer de mama existe un factor de riesgo no modificable que es la edad. Normalmente la THS se da a mujeres mayores en las que el riesgo de cáncer de mama es más alto por lo que podemos preguntarnos si el cáncer ha aparecido por la edad de la paciente o por el tratamiento. Dado que la respuesta a este tema no es fácil lo que sí podemos asegurar es que aquellas mujeres con tratamiento hormonal suelen estar más vigiladas y por lo tanto la aparición de tumores se realiza en etapas precoces con lo que el pronóstico de la enfermedad mejora infinitamente.

El cáncer de colón aumenta su frecuencia con la edad y supone el cuarto tipo de cáncer en la mujer española siendo necesario realizar colonoscopia a partir de los 50 años.

## Estudio de las alteraciones metabólicas

El ginecólogo en la consulta y especialmente en la primera consulta no debe ceñirse única y exclusivamente al aparato genital femenino y debe ser el médico de atención primaria de la mujer, es decir, su médico de cabecera. Lo que intentamos reseñar en este capitulo es que el médico debe realizar una atención integral a la mujer.

**Las enfermedades cardíacas en este período son la primera causa de mortalidad incluso por encima del cáncer de mama.**

*Anemia:* realizaremos una analítica básica con el fin de detectar la presencia de anemia dado que la mujer puede llegar anémica a la menopausia fruto de las menstruaciones.

*Obesidad:* dado que en esta etapa es muy posible que la mujer gane peso, debemos controlar la dieta e indicar que alimentos son perjudiciales para la salud. Si la paciente no tiene un buen hábito alimenticio es el momento de iniciarlo sirviendo de apoyo y aportando consejos dietéticos. Si detectamos alguna patología en su inicio la remitiremos al especialista.

*Hipertensión:* en la menopausia se pierde el efecto protector de los estrógenos sobre el sistema cardiovascular con la posibilidad de aparición de enfermedades cardíacas. Es por ello que debemos realizar un control exhaustivo de la hipertensión, el colesterol y los triglicéridos. Si detectamos alteraciones que no se corrigen con la dieta enviaremos a la paciente al médico especialista.

No debemos olvidar que las enfermedades cardíacas en esta edad son la primera causa de mortalidad incluso por encima del cáncer de mama.

## Estudio de la masa ósea

Como hemos comentado en apartados anteriores, la osteoporosis es una enfermedad denominada "epidemia silenciosa" lo que en muchas ocasiones dificulta su diagnóstico sobre todo si uno no piensa en ella. El diagnóstico de la osteoporosis se realiza en base a datos clínicos, analíticos y radiológicos. No es objeto de este libro el explicar las distintas técnicas radiológicas que nos permiten diagnosticar la osteoporosis sino que más bien tratamos de concienciar a la población general de cuales son los factores de riesgo de desarrollar la enfermedad para poder prevenirla mediante una identificación precoz.

## Detección precoz del cáncer

La edad es un factor de riesgo no modificable de desarrollar varios tipos de cáncer. En esta etapa de la vida con la aparición de los síntomas clínicos más frecuentes como los sofocos y las ganas de la mujer menopáusica de resolverlos es ella misma la que suele acercarse a la consulta de un médico y en especial del ginecólogo. Este debe actuar como el médico de cabecera de la mujer y no debe limitarse única y exclusivamente al diagnóstico de cáncer ginecológico como el cáncer de endometrio, ovario o mama sino y gracias a una historia clínica detallada debemos intentar diagnosticar de manera precoz otro tipo de tumores como el de colon o el de pulmón.

En este apartado debemos insistir en que aquella mujer menopáusica que de pronto refiera sangrado genital debe acudir inmediatamente al médico para descartar la presencia de enfermedades.

# Recomendaciones generales

La mujer debe saber y conocer que va a llegarle, en algún momento, la menopausia y que es una etapa más en su vida y una etapa, además, importante, en la que todavía le quedan muchas cosas por hacer y conocer e ilusiones que cumplir.

No tiene que pensar que es una etapa de decrepitud y que es el enlace hacia la ancianidad y el final de su vida.

Lo único que se "pierde" es la capacidad reproductiva y aparecerán las consecuencias, a veces muy leves, del cese de la función ovárica.

Por eso debe conocer bien cuáles son estas consecuencias para poder afrontarlas, si aparecen, con ánimo, ilusión y sensatez.

Ocurre, también en esta época de la vida que, sobre todo las mujeres cuyo trabajo único es el del hogar, éste disminuye, porque los hijos dejan la casa materna y ya no dependen de los padres. Por eso, en ocasiones, la mujer se siente "vacía", sin nada específico que hacer y sintiendo que ya nadie depende de ella y de sus cuidados. No se siente útil.

Debe saber diferenciar que esto no es cierto y que sigue igual de útil que antes, en circunstancias difíciles.

Sería muy útil y bueno, que la mujer, como el hombre, pero ahora es a la mujer a la que nos estamos refiriendo, previera esto y se preparara para "llenar" el tiempo que le parece vacío, mediante "hobbys" o la realización de actividades que ella haya hecho anteriormente y que abandonó por los hijos.

El médico, como cuidador de la salud femenina, no termina al prescribir fármacos. Su eficacia preventiva y terapéutica va más allá.

Debe ser, el que con su conocimiento aconseje a sus pacientes.

Este consejo debe basarse en medidas que proporcionen una calidad de vida a la mujer y serán de bajo costo y encaminadas a prevenir patologías, por lo que, tendrán un buen impacto económico.

Debe influir sobre:

**Nutrición**. Presente en todas las consultas. Cómo debe ser y ayudar a su cumplimiento.

**Ejercicio**. Concienciar a la mujer de que es una prescripción más, como si fuera la de un medicamento y hablar sobre ello en cada visita periódica.

**Estrés**. Hacerles saber que es uno de los condicionantes de la salud humana, que existe y que hay que saber vivir con él y conocerlo. Por lo tanto es labor del médico concienciar a la mujer de su existencia de cómo influye en su psicología y de cómo evitarlo, o disminuirlo o saber orientar a la consulta psicológica con su tratamiento adecuado, si hiciera falta.

**Peso corporal**. Debe ser cosa de los dos, del médico y la paciente. Elaborar dietas adecuadas y acordes con la forma de vida y situación personal y el grado de cumplimiento de dicha dieta.

**La sexualidad**. A veces la mujer menopáusica, no habla de las alteraciones que experimenta su sexualidad, porque cree que forma parte del devenir natural. Sin embargo, el médico debe averiguar sobre el tema y ofrecer la ayuda necesaria, bien él mismo, o en su caso, orientarle al especialista en el tema.

**Social**. La mujer en esta época debe mantenerse en actividad social e intelectual suficiente. No debe reducir su entorno a la gente de su edad, sino que se relacionará con otras personas de diferentes edades y condiciones. Debe buscar actividades creativas o sociales que le hagan sentirse útil y que llenen esta parte de su vida, sobre todo en el aspecto de ayuda a los demás.

**Protección económica cara a la vejez.** Se sabe que la mujer vive más años que el hombre y muchas mujeres, dependen exclusivamente de la pensión del marido. De una manera discreta y delicada deberá aconsejar sobre este tema para que esté preparada ante la eventualidad. En mujeres con independencia económica propia, también se podrá investigar sobre la situación.

Todo esto exige una relación entre el médico y la mujer periódica, para ver los objetivos propuestos y su cumplimiento. Debe ser ágil, cómoda, asequible y amable y concienciando a la mujer de lo importante de su implicación en todo lo dicho y visto.

Así conseguirá que esta etapa de la vida tan importante y tan efectiva y que ocupa, una gran parte importante de su tiempo, sea gratificante y llena de nuevas ilusiones, tanto para la mujer como para los que le rodean.